中国电子商务协会
智慧城市委员会

Smart Cities

智慧城市评论

中国电子商务协会智慧城市委员会 编

第 4 辑

科 学 出 版 社
北 京

内 容 简 介

《智慧城市评论》是由中国电子商务协会智慧城市委员会主办的专业会刊，由科学出版社出版并面向全国发行。本刊以推动智慧城市的研究、应用和创新为宗旨，集中刊载智慧城市领域技术应用、产业发展、城市规划、公共服务、社会治理等方面的学术论文、调研报告、规划方案、相关技术和产品介绍等内容。

本刊的栏目设定是动态的，旨在有效回应智慧城市领域所面临的重大理论与实践问题。本期的文章选用和栏目设定集中于智慧城市与智慧治理这两个主题上。期待有助于理论界与实务界了解智慧城市建设的域内外现状，同时，期待引导理论界与实务界更多地关注在智慧城市这一新的城市样态与生活样态下，智慧治理模式的构建问题。

图书在版编目（CIP）数据

智慧城市评论. 第4辑/中国电子商务协会智慧城市委员会编. —北京：科学出版社，2017.12

ISBN 978-7-03-054896-2

Ⅰ. ①智…　Ⅱ. ①中…　Ⅲ. ①现代化城市–城市建设–研究
Ⅳ. ①C912.81

中国版本图书馆 CIP 数据核字（2017）第 255967 号

责任编辑：马　跃　王京苏 / 责任校对：樊雅琼
责任印制：霍　兵 / 封面设计：无极书装

科 学 出 版 社 出版
北京东黄城根北街 16 号
邮政编码：100717
http://www.sciencep.com
三河市骏杰印刷有限公司印刷
科学出版社发行　各地新华书店经销
*
2017 年 12 月第　一　版　开本：889×1194　1/16
2017 年 12 月第一次印刷　印张：7
字数：170 000
定价：58.00 元
（如有印装质量问题，我社负责调换）

《智慧城市评论》编辑部

主　　　　编：高小平

执 行 主 编：朱国伟

编 辑 部 主 任：王小箐

美 术 设 计：无极书装

责 任 校 对：樊雅琼

承　　制　　方：中钞海思信息技术（北京）有限公司

印　　　　制：霍　兵

地　　　　址：北京市西城区德胜门大街 79 号德胜国际中心 C 座 6 层

投 稿 邮 箱：tg123@hismart.com.cn

电　　　　话：+8610-59062345

邮　　　　编：100088

传　　　　真：+8610-59062333

目　　录

学会动态

Contents

专 栏 导 语

徐晓林

（华中科技大学公共管理学院教授，博士生导师）

  智慧城市是在城市全面数字化的基础上，集成物联网、云计算与大数据等技术所达到的新的城市发展阶段，智慧城市既是现代城市建设和发展的一个新实践领域，也是公共管理学的一个新研究领域。智慧城市理论研究要跟上智慧城市建设和发展并能够发挥指导实践的作用，就必须聚焦智慧城市建设中的当下问题与前沿性课题。为此，《智慧城市评论》开设了"圆桌评论"栏目，以使我们在成熟的实践总结与完整的理论研究出现以前，能够快速有效地回应智慧城市这一新的实践与研究领域的需求。"圆桌评论"栏目的主题是不固定的，《智慧城市评论》将根据智慧城市领域的热点、难点问题动态设置。本期分为两组文章，着重探讨智慧城市与智慧治理的主题。

  第一组文章以智慧城市为中心展开。张康之教授在总体的历史视野中呈现了智慧城市的巨大的潜在价值。他认为智慧城市意味着一种新型的城市管理方式、生活方式、行为模式和城市运行模式。这意味着城市管理科学化进入了一个新的境界，即不仅应用科学知识而且运用智慧。信息技术和大数据使得有"智慧"的城市建构成为可能。但他同时提醒我们，智慧城市建构的目的是要改变人的生活、交往方式，改善人与人之间的关系。智慧城市的管理旨在于通过服务和运用服务的方式促进人们之间的信任与合作。高小平研究员则将智慧城市建设的意义置于当下中国社会现实，面向中国智库转型问题。他认为，智慧城市的建设和发展从城市规划、城市管理、产业发展、体制改革创新等各个领域的实践需求为中国智库的建设和转型提供了难得的机遇。他颇具特色地从问题导向、政策议题导向、政府职能导向、国家治理现代化改革导向、中国特色话语体系导向用"5T"概括了新型智库建设要做的五件事。显然，"5T"要求不仅是对中国新兴智库建设提出的要求，也是对智慧城市智库建设提出的要求。郑磊副教授则聚焦于智慧城市建设的数据资源开放问题，他认为城市的智慧来源于大众的智慧。他阐释了智慧城市建设中数据开放的原则，揭示了目前存在的主要问题。他从"平台型城市"的思维出发，认为智慧城市应该是一个经由众创协作、动态循环、互联互通的城市开放数据生态系统所支持的，能够持续创造公共价值、可读可写的城市平台。

  如果说第一组文章是从智慧城市中看治理问题，那么第二组文章将重心转向了智慧治理，探讨智慧城市建设推动形成的新治理模式问题。蓝志勇教授对将智慧城市简单理解为数据、计算机支持，信息化基础设施内涵的现象提出了批评，对智慧城市的"智慧"要求给予了特别关注。他认为"智慧是很高的理性层次"。"治理"的内涵大家已基本取得共识，但对"智慧"的内涵的讨论却不是很多。智慧治理，就是人类利用数据、经验和知识进行逻辑推断、理性思考，并用这些推断和思考来指挥或进行管理活动。让城市大脑进行思维，产生智慧，不仅在于数据收集，还在于收集、分析和使用有效数据进行思考与提炼。张锐昕教授梳理了电子治理研究的 11 项议题和 5 项主题域，显然她更愿意将智慧治理纳入电子治理的研究议题或主题下。但她认为，当电子治理推进到智慧治理阶段时，不仅需要增进电子治理的智商，还需要进一步发掘其情商与提高其能商。樊博教授认为智慧治理是要充分利用信息技术的互联互通、自动化和智能化的特征，提升社会治理和公民服务的效能，并从公众、企业、政府等不同治理主体给予了解释。同时，他认为，从"电子政务"上升为"智慧治理"，意味着信息技术能够支撑社会治理的人人参与，充分实现公民社会共治和群策群力的新格局。黄璜副教授将智慧治理划分为技术主义与人文主义两条进路。前者以效率为核心价值，而后者虽然使治理更富有洞察的智慧，但技术理性的局限使得效率主义与社会价值多元化之间产生了矛盾。调和这种矛盾需要"填入治理的制度、体系与过程，以衔接双方的核心价值，在技术促进与控制之间实现智慧从此岸到彼岸的跨越"。但要注意的是黄璜副教授也注意到智慧治理所需的知识能力和洞察力。陈涛教授将智慧治理拉向了实践中的政务服务大数据，他呼吁唤醒沉睡中的政务数据，以进一步提升服务质量。他总体上揭示了目前政务服务大数据的应用前景、关键要点和主要困难。

　　两组文章从不同角度简短精辟地阐释了智慧城市与智慧治理这个相关联的主题。但有意思的是，两组文章的作者在简短的论述中看到了智慧城市与智慧治理的技术特征的同时，也都无一例外地在强调"智慧"的特殊性及其意义，都注意到了智慧城市建设与智慧治理的发展对于服务提升、对于人的意义，也都注意到了智慧城市建设与智慧治理中数据资源这一核心要素开发的重要性。这彰显了学者在思考中的价值自觉与现实关怀，也指明了智慧城市建设与智慧治理发展的方向。

智慧城市

走向智慧城市的城市发展史

张康之

（中国人民大学公共管理学院教授，长江学者特聘教授，博士生导师）

　　城市是人类文明的标志，人们一般把从农业社会向工业社会转变的过程称为工业化、城市化进程，是指城市如雨后春笋般地产生。其实，城市是一个更为古老的现象，当人类社会走出原始阶段后，就出现了城市。然而，在农业社会中，城市是一个剩余产品的交易场所，即物品的集散地，只是在工业化、城市化进程中新生的城市才具有了生产的功能。这就是古代城市与现代城市的不同。

　　就农业社会的城市而言，虽然也有常住居民，但是他们并不是严格意义上的现代市民，因为他们的一只脚仍然踏在农村的土地上。他们或者是农村中某个家族的成员，或者是独立地在城市中经商，但由于经营的是农业剩余产品，因而交往对象总是农民，甚至是熟人，基本上不存在非农业的、陌生的交往对象。由于此时的城市并无现代意义上的市民，也就没有根源于市民社会需要的管理要求。就经营农业剩余产品的商人而言，由于他们不仅在事实上是农民的构成部分，而且在观念上依然是属于农民的。根源于农村人口的习俗、道德、信任关系、互助行为模式等对他们形成规范和制约，并获得某种自然秩序。但是，在工业化、城市化进程中产生的城市就不同了，首先，城市居民与农村居民分离开来，城市居民更多的是因为从事工业生产而居留城市，因而是严格意义的现代市民；其次，由于城市不再只是一个交易场所，是一个生产场所，而且从事生产活动的人在市民人口中所占比例更大一些，城市构成和结构都不同于农业社会的城市；最后，如果说农村在工业化、城市化的进程中有着保守的形象，更多地保留了传统，那么城市因为实现了结构转型而成为现代性的造物，即代表了现代文明。因此，近代以来，首先是在城市中孕育出了管理的需求，然后才扩展到了整个社会。

　　管理的需要使得知识的价值得到人们的追捧。在某种意义上，现代人文社会科学的知识绝大部分属于管理的知识，或者说属于管理原知识。在城市管理中，知识的应用有一个从不自觉到自觉的过程。一旦自觉地运用知识于管理之中，也就意味着管理科学化进入了大踏步前进的发展过程之中。这个城市管理科学化的进程开始于 20 世纪初期，标志性的事件是美国的"市政管理运动"，然后通过国际市政经理协会把城市管理科学化运动推向世界。回顾 20 世纪，可以认为管理科学化取得了巨大进步，无论是在空间管理和人际关系协调，还是从规划到日常经营，以及生活方式、居住形式和行为模式，都呈现出日新月异的景象。不过，在整个城市管理科学化的过程中，每一个时期也都出现过不同的问题，各种各样的"城市病"一直与城市发展如影随形。同时，在每一类问题出现之后，又都能够按照科学化的思路找到解决方案。这就是城市管理科学化的功绩。然而，近一个时期，"智慧城市"的概念被提出。这意味着城市管理科学化进入了一个新的境界，即不仅应用科学知识而且运用智慧。

就"智慧城市"这个概念的提出来看，是因为信息技术，特别是大数据而获得的启发，或者说，是因为信息技术、大数据给了人们信心，使得人们不满足于运用知识来开展城市管理，而是要运用智慧去开展城市管理和经营城市。在历史上，智慧是属于特定的个人的，或者说，有智慧的人可以构成一个社会群体，但智慧的传承和习得是困难的，往往需要人拥有某种悟性才能获得智慧。科学知识则不同，它是可以传播和学习的，即通过学习而加以掌握。然而，信息技术以及大数据则克服了智慧传播和习得上的障碍，使得智慧也可以通过技术安排而得到大面积的推广和应用。这说明，信息技术和大数据使得智慧城市的建构成为可能。

就"智慧城市"这个概念的提出来看，也是因为城市管理遇到了无法突破的瓶颈而寻求的一种新的解决方案。因为城市管理是建立在城市作为一个相对独立的系统的前提下的，也就是说，城市是与农村分立而在的，虽然城市与农村之间有着生产上的互补和交流，但是在管理的意义上，则是相对封闭的。然而，20世纪后期以来，随着信息技术的应用和互联网的发展，也由于人与物的流动性的增长，城市的封闭性被消解了，城市已经是一个开放系统，以至于原先建构起来的城市管理模式不再适用。因而，城市管理遭遇了诸多新的挑战，尽管在改革的时代中城市管理也探寻过各种各样的新措施，却一次又一次地陷入了更深的困境之中。在各种各样的城市管理改革措施均告失败的情况下，提出了"智慧城市"的构想，目的是要实现城市管理体制的根本性变革。就此而言，智慧城市意味着一种新型的城市管理方式、生活方式、行为模式和城市运营模式。

智慧城市不是对原有城市管理的全盘否定，而是城市管理的模式变革，在根本上，是要造就一种全新的城市模式，既是对城市管理的超越又是对城市管理的继承。如上所述，农业社会的城市是物品的集散地，而工业社会的城市拥有了生产的功能，现在，在智慧城市的理念下所要建构的是一种向未来开放的城市，即建构起一种属于后工业社会的城市。虽然人们还处在全球化、后工业化的起点上，但是人类走向后工业社会是必然的历史进程，人们在此过程中感受的各种压力，以及对各种挑战的回应，本身就是走向后工业社会和建构起属于后工业社会城市模式的必要步骤。智慧城市这个概念所代表的新的理念和目标，正是开放性地面向后工业社会的。智慧城市会延续工业社会城市的生产功能，但生产的内容和性质都会发生改变。智慧城市中的生产将更多地集中在知识、文化的生产和智慧扩散方面。

对于智慧城市的建构而言，信息技术、大数据等发挥着无比重要的作用，正是因为有了这些新技术，才使智慧城市的构想得以提出并成为可能。但是，技术任何时候都只是达成目的的手段，也就是说，技术任何时候都不能成为目的。智慧城市的建构目的是要改变人的生活、交往方式和改善人们之间的关系，具体地说，就是要使人的生活和交往便利化，使人们之间的关系和谐，使环境相对于人更加友好，让每一个生存于城市中和来到城市的人都感受到自由与平等。也就是说，原先城市管理模式下的空间的和人际关系的设置所具有的控制导向都将随着智慧城市的建构而得到矫正，进而代之以通过服务和运用服务的方式而实现的管理，促进人们之间的信任和合作。

自工业化、城市化开始，城市就扮演了社会变革先导的角色。在中世纪后期，一些散文家曾大声感叹"城市的空气更自由"。在今天，城市仍然扮演着社会变革先导的角色。智慧城市概念的提出，指示了一条如何运用新技术去做出新的安排和推动社会变革的道路。可以认为，放在历史的宏观视野中，智慧城市建设的构想有着巨大历史价值。

打造适应智慧城市建设的新型智库五题（5T）

高小平

（中国行政管理学会研究员，副会长）

中国的智库需要进行转型。在这个过程中，智慧城市的建设和发展为打造新型智库提供了难得的机遇。城市规划设计，包括总体规划、产业规划、土地利用规划、交通规划等，需要智库提供战略和策略；城市管理，包括行政管理、公共管理、公共政策、公共服务、经济管理、社会管理、文化管理等，需要智库提供方案和措施；产业发展，包括"互联网+产业"、节能环保产业、信息产业、传统产业转型等，需要智库提供方向和路径；体制改革创新，包括组织结构转换、运行机制再造、管理方式改进等，需要智库提供思路和工具……智慧城市建设的所有领域都需要智库为政府推进智慧城市发展提供支撑。

新型智库建设需要做五件事：第一是以问题为导向，将社会乱象和治理缺失进行梳理，找到两者之间的对应关系，提炼出公共管理的"话题"（topic）；第二是以政策议程为导向，对科研成果中体现公共管理的"话题"进行甄别，聚焦到治理的"难题"（trouble）；第三是以政府职能为导向，将治理的"难题"进行概化，标识为政府有权力、有能力解决的"论题"（themes）；第四是以国家治理现代化改革为导向，围绕党和政府中心工作，将公共性"论题"转化为决策者和管理者的创新性"命题"（thesis）；第五是以中国特色话语体系为导向，将创新性"命题"表达为行政管理的专题性文本（text）。

基于开放数据和众创协作的智慧城市建设

郑　磊

（复旦大学国际关系与公共事务学院副教授，数字与移动治理实验室主任）

一个城市有大量基础性、关键性的数据掌握在各级各地政府部门手中。政府部门在履行行政职责的过程中制作、获取和保存了大量数据，这些数据资源与城市生活息息相关，是整个城市的公共资源，应取之于民，还之于民。在保障国家秘密、商业秘密和个人隐私的前提下，将其最大限度地开放给社会进行开发利用，释放数据能量，从而激发创新活力，提高城市服务水平，转变经济发展方式，提升政府治理能力，推动智慧城市建设。

然而，城市的智慧来源于大众的智慧。数据只是一堆冰冷的数字，将开放数据变得有能量和有温度还需要专业人士挖掘其价值。通过对数据的深度理解、增值开发和创新应用，服务市民，解决城市问题。开放数据、众创协作，可以把城市变成一个可读可写的平台，一个活的有机体和生态系统。

近年来，开放政府数据已在全球范围内迅速发展，我国政府也高度重视开放政府数据。2015 年8 月国务院印发的《促进大数据发展行动纲要》和 2017 年 2 月中央全面深化改革领导小组通过的《关于推进公共信息资源开放的若干意见》都对推动公共数据资源开放提出了要求。复旦大学数字与移动治理实验室发布的《2017 中国地方政府数据开放平台报告》显示，虽然我国开放政府数据的城市近年来不断增加，但是绝大多数城市仍未开放数据，且地区分布很不均衡，主要分布在东南沿海地区。已上线的城市开放数据平台也存在不少问题：开放数据的格式有待规范；未能明确充分授予用户利用开放数据的权利；数据持续增长和更新频率较低；未能基于社会需求开放高价值数据等。

我国各级城市是市民集中生活的重要空间，城市政府数据具有高密度、高价值的特点。以我国各级城市为切入点推进政府数据开放，有利于吸引社会各方基于市民需求和应用场景，开放创新应用，创造公共价值，并激励政府部门开放更多数据。同时，每一座城市的数据开放，还能带动更多地区开放政府数据，并促进各地数据之间的关联融合，最终构建起一个动态循环、互联互通的中国城市开放数据生态系统，助力我国智慧城市建设。

智慧治理

智慧城市需要智慧治理

蓝志勇

（清华大学公共管理学院教授，博士生导师，清华大学-北京市组织学习与城市治理创新研究中心主任，中国共产党中央委员会组织部"千人计划"入选者）

本期的主题之一是智慧治理，很高兴有机会参与笔谈。

"治理"这个词近年来非常热，有国际学术界对治理理论的探讨，世界银行对治理理念的推广，各国政府的治理改革尝试，也有中国深化改革、建立现代治理体系的政策倡导。总体来说，大家都同意"治理"是一个多主体、多元力量参与的人类的自我管理过程。治理的分析层次也很多，国际关系治理、国家治理、公司治理、地方治理、社区治理等都是治理的层次。城市治理是地方治理这个层次中的一个重要部分。作为一个复杂的、需要综合管理的治理单元，城市治理面对的问题多，挑战复杂，需要的"智慧"也就多。

虽然有关治理的讨论非常多，但对"智慧"的内涵的讨论却不是很多。大家都轻易认定，有数据、有计算机支持、有信息化基础设施，就算是智慧城市。殊不知，"智慧"这个概念另有自己的讲究。智慧是很高的理性层次。一般来说，在数据收集的初始阶段收到的零散数据，如1，2，3，4，5；张，王，李，赵，洪等杂乱的数据，称为数据。为满足使用者的需要，按某一目的和一定规则排列的数据，称为信息。例如，张，1年级（或1岁）；王，2年级（或2岁）；李，3年级；赵，4年级；洪，5年级；等等。在这个序列中，数字与人挂钩，也有单位的意义。许多信息在脑海中积累、消化，融会贯通，成为对某一事物或一系列事物的完整认识，称为知识。知识的派生思考，即对事物抽象和灵活贯通的思考，称为"智慧"。当然，智慧的结晶系统化，就是思想。智慧治理，就是人类利用数据、经验和知识进行逻辑推断、理性思考，并用这些推断和思考来指挥或进行管理活动，这才称为智慧治理。有人把这个称为数据驱动，但如果只是数据驱动，还是不够的。例如，一种发动机，一般用汽油，如果也能用新能源，就不止是一种驱动方法。现在阿里巴巴公司有一种提法，称为城市大脑，很有意思。就是说，只有在城市大脑进行思维活动时，才能产生智慧。而这些思维活动，就是数据的分析和应用。当前的讨论，注重数据收集多，对数据分析和使用的关注不足，以为有数据就算智慧城市、数字推动就是智慧推动，其实，中间还有一层最重要的考虑，就是将数字转变为智慧的过程。如果要分层，就是有一个从数据到城市、到信息城市、到知识城市、再到智慧城市的过程。AI（人工智能）是智慧的一部分，虽说AI的研究在近年来已经达到了很高的水平，如AlphaGo对弈、IBM Watson诊断等，但还不能说就已经达到全面城市智慧治理的水平。智慧治理，这个美好的愿景，还需要经过许许多多的人的继续努力。其关键不仅仅在于数据收集，还在于如何收集、分析和使用有效数据进行思考与提炼，并将这种提炼的结果用在城市决策和行为规范的实践过程中。

电子治理的主要议题

张锐昕

（吉林大学行政学院教授，博士生导师，电子政务研究所所长，澳门理工学院社会经济与公共政策研究所访问教授）

关于电子治理，国内外学者大多基于政治、经济、社会、技术视角进行分析，议题主要涉及：①价值观念、愿景设计、目标原则与发展模式；②基础设施和基本条件；③伦理问题与法律政策框架；④推动规划与计划；⑤管理体制与运行机制；⑥信息技术治理；⑦信息需求、公开、共享、管控与保护；⑧数据开放与增值使用；⑨参与主体的责任、义务、沟通、互动、采购和营销模式；⑩利害关系人的角色、关系调适与规范；⑪公共议题讨论与网络舆情分析；⑫流程管理、组织改造与架构；⑬跨域治理、府际关系与整合服务；⑭执行成效指标与评估；⑮人力资源管理；⑯信息素养培育与领导力，以及实证研究等主题。相应地，可将主题①～⑤概括为基础设计域；⑥～⑧概括为系统研发域；⑨～⑪概括为公平参与域；⑫～⑭概括为绩效服务域；⑮～⑯概括为人才建设域。它们被纳入电子治理的研究范畴，相应地，也拓展了治理的研究领域。

　　截至目前，上述研究范畴及其主要议题已经产出了一些有价值的成果，并在推进治理理论创新与治理实践变革、指导现代治理理论与信息技术成果融合，以及增强治理的透明度、民众的参与度与实现民主治理方面有所建树，但即便如此，泛在化并追求包容性的电子治理需要不断面对各种各样层出不穷的新问题，尤其是在进展到追求智慧治理的层面之后，如何应对智能技术"退隐"进程中和情境下的治理的新需求，在预备稳定的战略方案的基础上，为其匹配能力和动力，需要政府和专家与民众开展广泛、全面、深入、持久的合作，以体察民意、了解民情、集中民智、发挥民力、赢得民心，不仅要让民众对治理效果满意，更要让民众对治理体系和治理能力有信心，由此，在不断增进电子治理的智商之外，如何更进一步发掘其情商与提高其能商的研究开始进入人们的视野，亦引发理论界和实践界的关注与投入。

智慧治理的内涵

樊　博

（上海交通大学国际与公共事务学院教授，青年长江学者，博士生导师，副院长，公共信息与社会计算研究中心主任）

　　党的十八届三中全会确立了"推进国家治理体系和治理能力现代化"总目标，2017 年 3 月 5 日，习近平总书记在第十二届全国人民代表大会第五次会议上海市代表团全体会议中指出"城市管理应该像绣花一样精细"，这是在互联网+和大数据时代背景下对社会治理的要求。破解这样的难题、实现这样的目标要求，需要智慧治理的助力。

　　智慧治理就是充分利用信息技术的互联互通、自动化和智能化特性，提升社会治理和公民服务的效能。智慧治理的含义范畴非常广泛，可以从两个角度来理解它。

　　对于公众来讲，智慧治理是以人为本的数字化生存环境，避免大量的重复申报和证件办理，为公民提供主动式、协同式和精准式的智能服务。对于企业来讲，智慧治理可以为企业的发展提供更多整合式的服务，无缝隙监管和智能化服务可以让企业在数字化环境中获得大量商机，并将更多的精力用于商业经营和生产发展。

　　对于政府来讲，智慧治理是一场深远的政府改革，政府条块分割和信息孤岛要打破，传统政府的科层层级要消除。以社会事件和服务对象为中心，而不是以职能为中心是智慧治理的基本特点。流程式和扁平化是智慧治理时代政府的新特征。信息技术为政府决策提供参与平台，政策制定可以在网络平台上协调各个利益相关者的诉求，使决策更加科学和周全，政策制定更加民主。从"电子政务"上升为"智慧治理"，意味着信息技术能够支撑社会治理的人人参与，充分实现公民社会共治和群策群力的新格局。

智慧治理的两种进路

黄　璜

（北京大学政府管理学院副教授，澳门理工学院社会经济与公共政策研究所教授，客座副教授）

　　就"智慧治理"而言，至少存在两条基本的进路。

第一条进路是技术主义的,强调新的技术在追求(城市、区域或者国家)治理效率方面的绝对价值,其源头或可追溯至19世纪关于利用自然科学方法来研究和解决社会问题的强烈主张,在后来的信息科学中赋予机器以创造和应用知识的能力,继而随着大数据的兴起,"智慧"折射出社会治理不断结构化的意图,并成为外化的精确控制的代名词。

第二条进路是人文主义的,认为智慧是人类特有的综合应用知识的能力,建立在对自然和社会规律的深刻洞察之上,因而智慧治理也应是对公共生活富有洞察力的治理;机器可以变得更"聪明",但是一方面正如哥德尔不完全性定理所揭示的,机器不可能具有人的完全心智,另一方面对技术潜在消极性的控制也是智慧的内容。因而对于治理而言,虽然路径优化有助于效率提升,但是显然效率并非智慧的唯一价值目标,更重要的任务是实现人的智慧彰显与互动,并正视和回应由于价值多元化而产生的深层次社会矛盾。

上述两条路径并非是不可调和的关系,然而在宏大话语所构筑的善治灵魂和先进技术所构建的系统实在之间,必须填入治理的制度、体系与过程,以衔接双方的核心价值,在技术促进与控制之间实现智慧从此岸到彼岸的跨越。

政务服务大数据评论

陈 涛

(华中科技大学公共管理学院教授,博士生导师,城市管理系主任)

因政务服务改革的深入、信息技术的高速发展,政府部门意识到沉睡在纸质材料中的数据信息蕴涵着惊人的价值。有效应用政务服务大数据成为进一步提升政务服务质量的必然选择。近年来,党和政府高度重视政务服务改革,多次强调要利用好政务服务大数据,实现"放管服"、推进"三一工程"、落实"信息惠民"。

政务服务大数据的应用前景。2016年10月9日,习近平总书记在中共中央政治局就实施网络强国战略进行第三十六次集体学习中明确要求:"建设全国一体化的国家大数据中心"。这为我国大数据的发展提供了重要的战略机遇。通过深化改革、强化应用,政务服务大数据将有效促进线上线下政务服务的融合,促进政务服务需求的精准预测,促进政务服务质量的稳步提升,促进政务服务大数据产业健康发展。

推广政务服务大数据应用的关键要点。从实施角度看,要发挥出政务服务大数据的应有价值,应采取"摸清家底、确定突破口、逐步推广"的策略。首先,各层级政府部门梳理政务服务信息资源、开展标准化工作,统一权责、统一服务事项、统一办事流程与要求,通过技术手段实现同源管理、多渠道互认共享,充分优化、发挥已有资源的价值。其次,调研政务服务数据共享需求及其潜在价值,进一步深化改革,对业务进行重组、对流程进行优化,率先开展针对共享需求较高的政务服务数据共享试点,各个击破。最后,对政服务资源数据、过程数据、结果数据进行融合分析与挖掘,为实现跨层级、跨地域、跨系统、跨部门、跨业务的协同管理和服务提供数据支撑。

政务服务大数据应用的主要困难。政务服务大数据应用的关键在于数据的共享与交换,这既依赖于政务服务流程的优化,也依赖于数据的标准化与规范性。对于多部门审批项目而言,数据共享与流通尤其重要,但却缺少足够的桥梁机制来联通各个部门的数据孤岛,流程难以优化。同时,各政务部门信息化水平存在一定的差异,数据的收集、存储、使用方式存在差异,这直接影响了跨部门、跨层级数据的有效对接,难以发挥政务服务大数据的规模效应与价值。另外,因在国家层面尚未制定明确制定大数据公开的法律法规,政务信息公开多以政策公告为主,这些都会制约政务服务大数据的广泛应用。

城乡一体化视角下的智慧城市建设：解读、困境与路径*

李云新　王振兴

（中南财经政法大学公共管理学院　湖北武汉　430073）

摘要：近年来，我国的智慧城市建设发展迅速，成就显著。当前，我国已经进入城乡经济社会一体化发展的新阶段，以信息技术为核心的智慧城市建设，需要回应城乡一体化发展的一系列具体要求，包括扩大服务范围、积极回应城乡居民需求、构建社会参与机制等内容。但是，实践中基于城乡融合发展的智慧城市建设存在多维困境。城乡环境的固有差异、政府官员政绩导向与公共利益的偏差、相关的制度规范不完善、建设过程协调性不足等问题，均限制了智慧城市对城乡一体化的回应激励与能力。因此，需要从智慧城市的顶层设计与规划、评价指标体系、多元主体参与、制度安排等方面探索基于城乡一体化的智慧城市发展路径。

关键词：智慧城市　城乡一体化　智慧治理　信息技术

中图分类号：C912.81　　**文献标识码**：A　　**文章编号**：978-7-03（2017）04-0008-07

一、引言

作为提升城市治理水平的有效手段，信息技术的飞速发展为解决城市问题提供了契机，依托新技术构建智慧城市成为城市发展方向。许多国家开始以各种方式探索智慧城市的建设，智慧城市也成为学界研究的热点话题。智慧城市的概念于 2008 年由 IBM 公司首次提出，被理解为城市主体运用先进信息技术整合城市各个子系统、以一种更智慧的方式运营城市的全新理念。此后，智慧城市建设成为全球热点，我国也有很多城市先后提出建设智慧城市。2013 年初，第一批智慧城市试点获批，涵盖了 90 个城市（区、县、镇）[1]。2013 年，第二批智慧城市试点又涵盖了 103 个城市（区、县、镇）[2]。经过几年的规划建设，智慧城市覆盖面不断扩大。各城市纷纷抢抓机遇，充分发挥信息技术的作用来提升城市治理水平和绩效。然而，实践中我国智慧城市建设也存在诸多问题：重视经济投入和显性效益而忽视了回应居民对公共服务的需求；缺乏科学有效的顶层设计与规划；重模仿、轻研发，创新不足，缺乏自身特色；加剧了城乡信息化差距，城乡数字鸿沟变宽；等等[3]。这些问题都亟待实践中去解决，更需要理论研究的回应。已有相关研究主要集中在概念与特征阐释、技术手段与建设方式、问题与对策分析等智慧城市建设的诸多方面，少有将智慧城市与城乡一体化发展结合起来研究的文献。智慧城市建设必须回应城乡一体化发展的内在要求，基于城乡一体化视角研究智慧城市建设既有实践中的紧迫性又有理论上的必要性。

二、智慧城市的内涵与特征

对于智慧城市的内涵，学者从不同视角进行了多维解读。结合城乡一体化发展的现实背景，从

*本文是武汉市软科学研究计划项目"大数据背景下推进武汉市域社会治理能力现代化研究"（2016040306010187）及教育部人文社会科学研究基金项目"我国城镇化进程中利益主体行为扭曲机理与治理机制研究"（14YJC630076）的成果。

作者简介：李云新　中南财经政法大学公共管理学院副教授，研究方向为公共经济与公共政策、城市化与农村发展；
　　　　　王振兴　中南财经政法大学公共管理学院硕士研究生，研究方向为城市化与农村发展。

建设目标、技术手段、建设理念与方式等方面对智慧城市的内涵与特征进行解析。

（一）智慧城市的内涵

智慧城市建设和运营的核心目标是提高社会治理能力，主要目标包括公共服务便捷化、城市管理精细化、生活环境宜居化、基础设施智能化、网络安全长效化等方面[4]。在城乡一体化背景下，智慧城市应将促进城乡融合发展、促进城乡公共服务均等化、提升城乡居民生活质量纳入目标体系。为实现目标，智慧城市建设广泛采用以信息技术为核心的多种先进技术，涵盖"大数据"技术、"3S"技术、"互联网+"等，建设过程需要结合具体情况因地制宜采取合适的技术手段。覆盖城乡一体的智慧城市内容非常繁杂，需要树立以服务城乡居民为主旨的建设理念，划分为技术支持、智慧公交、智慧治理、智慧环境与安全系统等子系统进行建设。智慧城市建设和运营过程涉及众多政府部门、城乡社区管理者和社会主体，因此需要加强各主体的协调与合作，从而促进智慧城市的有效运行，推进信息化与城乡一体化同步发展。

（二）智慧城市的特征

随着智慧城市建设的实践与理论研究的深入开展，智慧城市的特征逐渐凸显出来，主要包括技术应用的现代化、社会治理的智慧化、城乡发展理念的系统化、公共服务供给的高效化、参与主体的多元化等方面。

1. 技术应用的现代化

智慧城市的建设和运营涉及物联网、云计算、GIS（地理信息系统）、人工智能、知识管理等现代信息技术。覆盖城乡一体的智慧城市通过新技术实现的互联化、感知化与智能化，将城乡各项基础设施联通起来，促进城乡之间信息和知识的广泛传播与共享，充分实现数据和知识的价值。新技术的运用在智慧城市中至关重要，也是智慧城市建设成功的重要指标。

2. 社会治理的智慧化

从社会治理角度讲，城乡一体的智慧城市构建了统筹治理系统，打破了各管理部门的"信息孤岛"，缩小城乡数字鸿沟，有利于城乡各部门信息共享与合作。在运营过程中，智慧城市使得各治理主体决策更为科学便捷，提高了社会治理的科学化水平。

3. 城乡发展理念的系统化

传统的城市发展，主要依靠政府的科层式管理和各种要素的大量投入，以换取城市经济的增长，且仅顾及城区。智慧城市要求城市管理者将城市视为一个各要素相互作用的系统，变"粗放式"投入为"集约式"充实提高，并在新形势下覆盖周边农村区域，统筹城乡发展。智慧城市作为一种新发展理念，是要利用新技术等工具将区域内各要素统筹整合起来，实现城乡平衡和可持续发展。

4. 公共服务供给的高效化

通过技术的广泛运用，智慧城市建设中信息反馈和共享平台得以构建，居民可以及时表达公共服务需求偏好与诉求。公共服务供给方也可以及时掌握居民需求信息，增强公共部门的回应性。新技术的应用有利于提高公共服务的生产效率，有利于实现公共服务供给的高效化，并促进实现城乡基本公共服务均等化。

5. 参与主体的多元化

智慧城市的建设和运营，虽然以地方政府为主导，但是涉及多元参与主体。在政府内部，城乡一体的智慧城市建设涉及城乡政府发展和改革委员会、城市管理、住房和城乡建设、科学技术等多个部门。在社会层面，投资公司、建设运营公司、城乡居民、社会组织等都是智慧城市的参与主体。

三、城乡一体化发展对智慧城市建设的具体要求

随着城镇化的高速推进，城乡经济社会系统发生剧烈变动，原有城乡边界松动，资源和利益分

配更为复杂，而制度规则重构并未完成，制度的模糊使得地方政府和强势集团得以策略性分配城镇化利益，引发诸多社会冲突[5]。城乡一体化发展成为缓解社会冲突、缩小城乡差距、实现城乡统筹发展的必由之路。在城乡一体化背景下，智慧城市建设应在规划、建设、运营等方面作出创新和调整，以适应城乡一体化发展的具体要求，并在城乡一体化进程中发挥积极作用。

（一）目标设定与服务范围的调整

智慧城市是为了提高城市治理和居民生活水平的需要而提出的，其规划、建设、运营、维护等也围绕这一目标来进行，服务范围仅局限于城区。为适应城乡经济社会一体化发展的新阶段，智慧城市建设的目标与服务范围需要作出相应调整。

城乡一体化的核心内涵是城乡居民公共服务均等化。为推进城乡一体化发展，智慧城市建设应强化城乡互联互通，缩小城乡"数字鸿沟"。智慧城市建设应充分发挥新技术的优势，将服务范围涵盖到农村地区，利用技术增强城市对农村的辐射带动作用，为城乡居民提供均等、高效的公共服务。

（二）技术推广与基础设施建设的进一步完善

智慧城市建设以信息技术为核心，以基础设施为载体。为适应我国城乡一体化进程，智慧城市的技术与基础设施要同步协调推进。智慧城市所应用的大数据、"互联网+"、云计算等新技术，要逐步推广至农村地区，满足农村治理与发展需求。政府应当统筹城乡区域基础设施规划，积极推进农村信息化建设，推动"四化同步"。以智慧公交为例，智慧城市需要科学规划城乡公交路线，并着力完善农村地区智能车站建设，推广智能技术，为居民出行提供便利。与城市居民相比，农村居民对新技术的接受和应用能力较差，难以适应新技术带来的剧烈变革。因此，建设覆盖城乡一体的智慧城市，要对新技术进行宣传普及，提高农村居民应用新技术的能力。

（三）积极回应城乡居民的公共服务需求

高效化、精细化地提供公共服务，是智慧城市建设的重要目标。公共服务精细化的前提是准确识别和获取城乡居民的公共服务需求。城乡一体化背景下，服务对象更为多元化，服务需求的差异性和个性化更加凸显。为提高技术应用效率、避免效率损失，智慧城市建设需要积极回应城乡居民动态调整的公共服务需求，树立以居民为导向的建设理念，有针对性地进行具体项目的建设和运营。

为准确把握居民的公共服务需求，政府应建立信息收集平台，着力实现信息采集常态化、信息整理动态化。在此基础上，各部门需要构建信息传递和共享机制，将平台信息准确传递至提供公共服务的一线执勤人员。为保证公共服务提供的效率和质量，智慧城市要建立信息反馈与绩效考核机制，将居民所反馈的信息和满意度作为执勤人员的绩效指标。

（四）高效协调的社会参与机制

智慧城市建设是一个系统工程，涉及政府部门、企业、社会组织、社区组织、城乡居民等多元主体。为实现促进城乡治理与发展的目标，智慧城市需要构建以政府为主导、社会各主体协同参与的合作机制。城市政府是智慧城市建设的主导者，承担着统筹规划、议事协调、制度建设等职责。建设覆盖城乡的智慧城市，城乡政府需要明确各部门的职责，并在职责划分的基础上构建信息共享与协调合作机制，克服部门各行其是的弊端。

为提高社会各主体参与智慧城市建设的积极性，政府应尊重社会组织和居民的主体地位，积极谋求与社会各界的合作。在决策程序，决策部门可通过专家咨询、问卷、访谈等方式引导城乡居民建言献策，提高决策的科学性和民主性。在具体建设中，各部门应以委托等形式吸纳企业和社会组织参与，以弥补政府在资源等方面的不足，提高智慧城市建设的效率。政府主导构建协调的政企、政社合作关系，可降低智慧城市建设的交易成本，使智慧城市的建设更符合社会和居民的期待。

四、城乡一体化背景下智慧城市建设的多维困境

城乡一体化对智慧城市建设提出了诸多具体要求，但实践中基于城乡融合发展的智慧城市建设存在多维困境。城乡环境的固有差异、政府官员政绩导向与公共利益的偏差、相关的制度规范不完善、建设过程协调性不足等问题，均限制了智慧城市对城乡一体化的回应激励与能力。

（一）城乡环境的固有差异

持续多年的城乡分治，导致我国的城乡环境差异巨大，这种差异体现在自然和社会环境两个层面。城乡一体化的相关政策在我国实践不久，并未从根本上缩小城乡差距。智慧城市建设本是在城市环境基础上提出的，在向农村地区扩展的过程中，必然面临城乡环境差异所带来的阻碍。

智慧城市建设对客观环境有一定的要求，所覆盖的区域要有良好的设施基础。多年的发展和积淀，使城市区域具备新技术广泛应用的基础环境，以城市区域为服务范围的智慧城市建设更易于付诸实践。反之，农村区域自然环境的障碍、基础设施的缺乏，使智慧城市向农村扩展的建设成本急剧上升。在此状况下，为建设覆盖城乡一体的智慧城市，政府和社会必然要付出巨大努力。城乡环境的差异既影响智慧城市的规划和建设，也影响技术和资源利用与公共服务提供。农村人口居住分散，智慧城市的技术和资源利用难以形成规模效应，利用率低。作为智慧城市治理和服务的重要方式，网格化治理难以在农村区域全面实施，不利于实现城乡间公共服务均等化。

（二）政府官员政绩导向与公共利益的偏差

智慧城市建设以城市政府为主导，以项目制等形式开展，建设过程汇聚大量资金资源。资源的集中有利于智慧城市的建设，但政府官员的晋升激励和政绩导向常使智慧城市建设偏离居民需求。政府官员对 GDP（国内生产总值）和政绩的片面追求，导致智慧城市建设难以回应居民诉求和城乡一体化发展的要求。

智慧城市建设以促进社会治理、优化公共服务为目标，这与政府官员的理性追求既有一致性，也有冲突性。智慧城市建设是我国为抓住新时期城市发展机遇作出的重大战略决策，国家的重视将压力传导至城市政府部门和官员。在此压力下，政府官员有较强的激励进行智慧城市的建设。但在具体项目选择上，决策官员倾向于选择在短期内能取得效益、显示政绩的项目，忽视与公民服务需求息息相关、需要较长建设周期的项目。农村地区基础设施薄弱，智慧化建设周期长。在政绩导向和任期约束下，决策者不愿对农村的智慧化建设投入注意力，弱化了智慧城市对城乡一体化的回应。

（三）相关的制度规范不完善

我国的智慧城市建设正如火如荼进行，成就显著。与之相比，智慧城市相关制度建设并未完善，城乡一体化建设也面临类似状况。因此，建设城乡一体的智慧城市面临双重制度规范缺失的困境，这体现在具体的决策、建设、信息反馈、监督等程序中。

智慧城市建设的项目决策，以城市政府及其官员为主导。在没有完善制度约束的情况下，政府官员所做出的决策难以满足科学性和民主性的要求。居民和社会组织参与决策的制度保障缺失，使智慧城市建设难以反映社会需求和意愿。智慧城市的建设和运营也面临制度缺乏的困境。企业和社会组织是直接参与建设的主体，为实现自身利益的最大化，往往采取背离公共利益的方式进行建设。制度规范的缺乏让企业和社会组织难以受到应有的约束。因此，智慧城市建设亟待完善相关制度，实现建设过程的信息反馈和有效监督。

（四）建设过程协调性不足

集体行动的协调成本随着参与人数的增加急剧上升，协调的有效性则趋于降低。智慧城市建设是一个多主体参与的过程，且各主体的利益诉求不一致，这使得建设过程难以保持有效的协调状态。

制度规范的缺乏、监督成本的增加，使得各主体所受到的约束有限，在各自理性的主导下各行其是。

为回应建设城乡一体发展的智慧城市的要求，城乡政府多部门及村（居）委会均要参与其中。在政绩导向和晋升激励的作用下，各部门有自身的利益考量，对建设智慧城市是否积极合作取决于权力、制度约束、利益等因素。常态化协调合作与信息共享机制的缺乏，严重影响各部门合作积极性。企业作为营利性组织，参与智慧城市建设是为了从中获取收益，与政府部门合作的协调性有待进一步提升。在推广智慧城市建设的过程中，城乡居民对此的理解和需求因人而异，参与的积极性和协调性程度大打折扣。

五、讨论：基于城乡一体化的智慧城市建设路径

持续多年的城乡分治，限制了我国经济社会的进一步发展。在信息技术飞速发展的背景下，我国的城乡一体化发展要抓住机遇，科学有序推进。智慧城市的建设，也需积极回应城乡一体化的要求，在加强城乡联系、改善公共服务、提高城乡治理和居民生活水平等方面有所贡献。在实践中，智慧城市建设要从顶层设计与规划、评价指标体系、多元主体参与、制度安排等方面探索基于城乡一体化的发展路径。

（一）城乡耦合对接：强化智慧城市建设的顶层设计与规划

科学合理的顶层设计与规划是建设好智慧城市的重要前提。智慧城市建设的顶层设计，是指以智慧城市的目标为导向，运用系统论的方法，对涉及的复杂对象进行整体设计，强调系统化、清晰化、可操控[6]。结合我国城乡一体化发展的背景，智慧城市的顶层设计要以促进城乡可持续发展为目标，包含基础要素体系、技术支撑体系、公共服务体系等内容。

智慧城市与城乡一体化的发展并非一蹴而就，智慧城市建设的设计和规划应注重与城乡一体化发展动态适应，既不超前也不滞后。城乡政府部门、村（居）委会应积极合作，共同参与智慧城市的规划。为使顶层设计结果更具科学性和可行性，规划部门要做好前期的信息收集工作，准确把握本地情况与居民需求。智慧城市顶层设计要符合系统性原则，积极回应城乡一体化发展的要求，兼顾效率与公平。

智慧城市建设的具体规划涉及诸多要素，结合城市运行的子系统，规划要从基础设施、技术支撑、公共服务等方面进行。基础设施的智能化规划，就是合理布局水网、能源网、交通网等设施，使居民生活更为便利。智慧城市以技术为核心支撑，其建设要结合现状对应用于智慧城市的技术体系进行科学规划。智慧城市的公共服务体系涉及交通、文体、就业、社会保障等方面。智慧城市应对公共服务所涉及的服务平台、软件等的建设进行详细规划，以实现公共服务提供的高效化和城乡均等化。

（二）城乡协调发展：优化智慧城市建设的评价指标体系

智慧城市评价指标体系的内容反映智慧城市建设的目标和规划，在城乡一体化背景下，智慧城市建设需要进一步完善评价指标的全面性和科学性。智慧城市建设评价指标的设置，既要反映投入产出的衡量，也要兼顾社会效益，避免单纯追求经济效益和政绩[7]。具体指标的设置需要兼顾短期与长期效益、客观与主观评价，使指标体系更符合实际情况。

各城市在建设智慧城市中的进度不一，可结合本地情况借鉴其他城市的成功经验设置评价指标。为缩小城乡差距，加强城乡联系，智慧城市的评价体系中需要增加相应的指标，引导智慧城市建设发挥以城带乡的作用。智慧城市的评价指标体系应实行分级设置，一级指标的设置要回应城乡一体化发展的要求，覆盖智慧技术、智慧经济、智慧治理、智慧服务等领域，次级指标的设置需要对一级指标进行细化与完善，强化城乡协调发展的指标。此外，智慧城市要设置合理的评估频度，引导评价主体进行动态评估，及时反馈评价结果和建议。

（三）城乡社会治理：积极倡导多元主体参与

伴随着经济社会的高速发展，城乡治理所面临的环境更为复杂。传统的以政府为单一主体的治

理方式难以满足提升治理和服务水平的要求。在推进城乡一体化发展的背景下，智慧城市建设要积极倡导多元主体参与，构建城乡之间、政府与社会之间协同治理的合作机制。

城市政府是智慧城市建设的主导者，要转变治理理念，积极加强城乡政府和社区的合作，鼓励社会主体参与智慧城市建设和城市治理。在建设过程中，政府部门要畅通居民诉求表达渠道，以访谈、座谈会等方式吸引城乡居民建言献策，利用新技术建设应用平台，使居民通过应用平台享受公共服务，并反馈意见和建议。为充分利用社会资源，政府要以税收优惠、委托等方式吸引企业和社会组织参与智慧城市建设，积极构建协调的政企、政社合作关系。在与企业合作过程中，政府要遵循市场规律，避免过多的行政干预，以实现资源配置最优化。在与社会组织的合作中，政府要合理授权，明确职权关系，赋予社会组织以充分的自主性。

（四）城乡制度创新：变革智慧城市建设的制度安排

智慧城市建设与城乡一体化相互促进、相辅相成。为解决制度规范缺失的困境，实现两者的协调发展，政府需要加快完善相关的制度建设。制度的意义在于明确各主体的权责关系，规范和约束主体行为，并为实施监督提供依据。

政府层面的制度建设，要以明确界定城乡政府及社区各部门职责为重点，同时加强部门协调与合作。智慧城市建设涉及诸多错综复杂的决策，科学合理的决策制度至关重要。决策制度的构建，要明确各部门的决策范围，且对权责边界作出明确界定，避免"缺位、错位、漏位"，为责任落实和监督提供依据。在界定权责的基础上，各部门要完善协调与合作制度，降低部门间信息与交易成本。

社会层面的制度建设，要以保障城乡居民权利，规范企业和社会组织的行动为主要内容。智慧城市以服务城乡居民为宗旨，制度建设要对居民的参与权利予以保障，明确居民的表达权、监督权等权利。为保证居民有序参与，制度建设需要对居民的行为施加约束，引导居民通过合法合理渠道参与智慧城市建设。企业与社会组织参与智慧城市建设，有自身的利益追求。为规范企业和社会组织的行为，政府要完善相关制度建设，构建监督机制，以保证建设过程符合公共利益与居民需求。

参考文献

[1]　中华人民共和国住房和城乡建设部.住房城乡建设部公布首批国家智慧城市试点名单[EB/OL]. http://www.mohurd.gov.cn/jsbfld/201301/t20130131_221676.html[2013-01-31].

[2]　中华人民共和国住房和城乡建设部.住房城乡建设部办公厅关于公布 2013 年度国家智慧城市试点名单的通知[EB/OL]. http://www.mohurd.gov.cn/wjfb/201308/t20130805_214634.html[2013-08-01].

[3]　乔鹏程，高璇.我国智慧城市建设的误区与防范[J]. 中州学刊，2014，（8）：46-50.

[4]　中华人民共和国发展和改革委员会.关于促进智慧城市健康发展的指导意见[EB/OL]. http://www.ndrc.gov.cn/gzdt/201408/t20140829_624003.html[2014-08-27].

[5]　李云新.中国快速城市化进程中社会冲突发生机理研究[M]. 武汉：湖北人民出版社，2014：116-117.

[6]　陆小敏，陈杰，袁伟.关于智慧城市顶层设计的思考[J]. 电子政务，2014，（1）：15-22.

[7]　王思雪，郑磊.国内外智慧城市评价指标体系比较[J].电子政务，2013，（1）：92-100.

Smart City Construction From the Perspective of Urban-rural Integration：Interpretation，Dilemma and Path

Abstract：In recent years，China's smart city construction has developed rapidly and achieved remarkable results. At present，China has entered a new stage of integration of urban and rural economic and social development，smart city construction with the core of information technology needs to respond to a series of specific requirements for the urban-rural integration，including expanding the scope of services，actively responding to needs of urban and rural residents，the construction of social participation mechanism etc.. But in practice，the construction of smart city based on the integration of urban and rural areas has a multidimensional dilemma. The inherent differences of the urban and rural environment，the deviation of government officials' performance orientation and public interest ，the imperfection of relevant regulations，and the lack of coordination in the construction process limit the response motivation and ability of the smart city to the urban-rural integration. Therefore，it is necessary to explore the developing path of the smart city based on urban-rural integration from the top level of the design and planning of the smart city，the establishment of the evaluation index system，the participation system of the multiple subjects and the perfection of the institution arrangement.

Key Words： Smart City　Urban-rural Integration　Smart Governance　Information Technology

智慧社区建设 PPP 模式的运行机制研究

曾宇航　尹淑涵

（贵州财经大学公管学院　贵州贵阳　550025）

摘要： 目前，PPP 模式在我国城市基础设施建设中已取得越来越广泛的应用，并且成为国家吸引民间资本参与基础设施建设的很好的途径，将 PPP 模式运用于智慧社区建设则是一种较为新颖的建设模式。本文分析了 PPP 模式运用于智慧社区建设的可行性，在此基础上，阐述了 PPP 模式在智慧社区建设应用中面临的现实挑战，根据 PPP 项目建设运行机制，并结合智慧社区建设实际需求，对智慧社区建设 PPP 项目运行机制进行研究分析，主要包括项目识别机制、项目准备机制、风险分担机制、融资机制、价格管控机制、退出评价机制。

关键词： 智慧社区　PPP 模式　运行机制　政府监管

中图分类号： C912.81　　**文献标识码：** A　　**文章编号：** 978-7-03（2017）04-0015-08

一、引言

随着物联网、下一代互联网、云计算等新一轮信息技术变革的展开，城市信息化进程又到了一个新的高度，推动了智慧城市的日益兴起。在此背景下，智慧社区作为智慧城市的最后一公里，在智慧城市建设大潮中也就应运而生，各地开始大力进行智慧社区建设。智慧社区建设面临资金投入、技术支持等问题，完全交由政府或市场其中一方都有可能面临政府失灵或市场失灵的情况，最终不利于智慧社区的建设与发展。PPP（public private partnership），简译为公私伙伴关系，是指政府与私营部门通过充分利用双方各自在政策上和资金上的优势来提供公共产品或服务的模式。美国 PPP 国家委员会认为 PPP 是介于外包和私有化之间并结合了两者特点的一种公共产品提供方式，它充分利用私人资源进行设计、建设、投资、经验和维护公共基础设施，并提供相关服务以满足公共需求。①欧盟委员会认为 PPP 是指公共部门与私人部门之间的一种合作关系，其目的是提供传统上由公共部门提供的公共项目或服务。②中华人民共和国财政部认为 PPP 模式是由社会资本承担设计、建设、运营、维护基础设施的大部分工作，并通过"使用者付费"及必要的"政府付费"获得合理投资回报；政府部门负责基础设施及公共服务价格和质量监管，以保证公共利益最大化。③

2010 年 5 月 13 日，国务院正式出台《国务院关于鼓励和引导民间投资健康发展的若干意见》（国发[2010]13 号），社会资本参与智慧社区建设有利于缓解政府财政压力、降低经营成本、提高公共服

作者简介： 曾宇航　男，管理学博士，副教授，贵州财经大学公管学院副院长，硕士研究生导师，研究方向为电子政务与城市信息化；
　　　　　　尹淑涵　女，贵州财经大学公管学院行政管理专业硕士研究生，研究方向为电子政务。

① The National Ccuncil for PPP，USA. For the good of the people：Using PPP to meet America's essential needs[EB/OL]. https://www.ncppp.org/ [2017-11-15]

② The European Commission. Guidance of successful PPP[EB/OL]. http://ec.europa.eu/regional_policy/sources/docgener/guides/ppp_en.pdf [2017-11-15].

③《关于推广运用政府和社会资本合作模式有关问题的通知》（财金[2014]76 号），2014 年 9 月 13 日。

务水平、带来先进技术等，PPP 模式正是建设智慧社区最佳方式。将 PPP 模式应用于智慧社区建设是一种新的建设模式，我国在制度保障、经济环境和技术支持等方面为 PPP 模式在智慧社区中的应用提供了可行性，本文结合 PPP 模式基本运行流程深入分析智慧社区建设 PPP 模式的运行机制，以期对智慧社区的建设有所助益。

二、研究现状

（一）关于智慧社区建设的研究

国外智慧社区研究大多是基于智慧城市的研究。Anthopoulos 和 Fitsilis 认为，数字城市能简化公民获取公共信息和服务，要把通信技术运用到真实的社区中[1]；亚历克斯·马歇尔高度关注能够实际运用的技术；Keisho ka 的 "Smart communities：From dream to reality"[2] 与 Shinsuke Ito 的 "Smart community and smart meters in Japan"[3] 都是运用信息基础层面对智慧社区进行研究。

我国学者从不同角度对智慧社区进行了研究。在智慧社区顶层设计方面，吴胜武着重研究了智慧社区的相关概念、各地智慧社区建设的探索实践以及关于智慧社区建设的若干构想[4]；在智慧社区建设模式方面，肖俊宇和陈永国从大数据背景的视角出发，通过分析智慧社区建中的问题，提出了智慧社区的建设引擎和运行模式，认为在大数据环境下开展智慧社区建设，能够加快社区管理和服务的智慧化[5]；在智慧社区实际建设的实践方面，吴胜武等以宁波海曙区为例，阐述了智慧社区的内涵、建设目标、核心理念，并在智慧社区建设中的体制机制、服务理念、行模式等方面开展了有益尝试[6]。

（二）关于 PPP 的研究

从 PPP 的内涵出发，王灏最早对其进行了较为系统的归纳与总结[7]；刘薇对 PPP 模式的概念、起源、特征方面进行了理论阐释，并对我国 PPP 模式的发展进行了分析[8]。从经济学角度思考，伍迪和王守清认为 PPP 是涉及金融、法律、税收、财务、市场、工程技术、经营管理和政治等多因素的复杂过程[9]。从管理学的角度出发，吴卓瑾和乔宝云认为 PPP 模式的形成与发展是市场失灵和政府失灵推动的，PPP 模式能有效结合政府与社会资本的优势，解决公共服务的资金、管理等各方面的问题[10]。从政府管理角度，周正祥等从政府部门和社会资本角度出发，分析了 PPP 模式在应用中存在的问题并提出了相应的政策建议[11]；黄腾等通过分析英国、澳大利亚以及我国香港特别行政区的 PPP 政府管理，指出我国 PPP 存在的不足并提出了相应的建议[12]。

（三）智慧社区 PPP 模式的应用研究

在当前学者的研究中，关于 PPP 模式在智慧社区建设方面运用的研究较少，主要集中在信息化建设工程中的 PPP 模式方面。刘玲和谢瑞芳分析了工程造价信息资源共享应用中存在的不足，提出了基于 BIM&云的工程造价信息共享应用框架和运用大数据挖掘技术的工程造价信息资源研究，为工程造价信息资源共享探索新模式[13]。林致远分析了 PPP 模式在智慧社区建设过程中存在的问题和困难，并提出了相应的建议，同时指出 PPP 模式是未来城市建设的主流方式[14]；安洪海等为建立有效的城市管理信息系统，促进开封市城市管理水平，提出了采用 PPP 模式推进信息化建设的建议[15]。

（四）综述小结

在已有的研究中，学者从多学科、多角度对智慧社区建设、PPP 的含义以及 PPP 模式在实际中的运用进行了分析研究，通过对已有研究的分析发现对 PPP 模式应用于智慧社区建设这一主题的研究还处于起步阶段，具体的运行机制、监管体制等基本问题还缺乏深入研究。本文分析 PPP 模式运用于智慧社区建设的可行性，针对智慧社区建设中应用 PPP 模式的实际流程，深入分析智慧社区 PPP 建设模式的运行机制，以期对我国智慧社区建设起到参考借鉴作用。

三、运用 PPP 进行智慧社区建设的可行性分析

目前，PPP 模式在我国基础设施建设中广泛推行，智慧社区建设不仅包括基础设施建设，还包括民生项目建设，需要更多资金和先进技术，PPP 模式则有利于促进智慧社区的建设与发展，下面主要从制度保障、经济环境和技术支持三个方面来分析运用 PPP 模式进行智慧社区建设的可行性。

（一）政府为 PPP 模式创造了良好的制度保障

智慧社区建设需要充足的资金支持，而政府无力承担高昂的费用，从以前的大包大揽到逐步放权，政府通过政策支持，不仅有利于促进非公有制经济的发展，而且有利于自身管理体制的改革。2005 年 2 月 19 日，国务院发布《国务院关于鼓励支持和引导个体私营等非公有制经济发展的若干意见》（国发[2005]3 号），即"非公 36 条"，文件中提出大力放宽非公有制经济市场准入，加强对发展非公有制经济的指导和政策协调等要求，为社会资本进入社会事业领域提供了良好的制度环境。2010 年 5 月 13 日，国务院正式出台《国务院关于鼓励和引导民间投资健康发展的若干意见》（国发[2010]13 号），文件中明确提出进一步拓宽民间投资的领域和范围，鼓励民间资本进入城市供水、供气、供热等领域，为 PPP 模式进行智慧社区建设提供了政策支持。

（二）社会经济环境的变化促进了 PPP 模式的发展

中华人民共和国成立后，随着社会的发展，社会资本累积速度呈高速增长。2016 年民间投资达365219 亿元，2014 年全国居民人民币储蓄存款达 485261.3 亿元，2015 年外商直接投资（foreign direct investment，FDI）达 1262.7 亿美元，2015 年民间投资在投资中所占比例超过 64%。自 2015 年大力推行 PPP 模式以来，鼓励民间投资参与公共产品和公共服务的提供。这些措施一方面拓宽了民间投资的领域和范围，有利于社会资本投入公共项目建设之中；另一方面通过降低成本、共担风险、共享收益的方式降低了民间投资的不确定性，使民间投资的活力增强，社会资本有能力也有实力参与到智慧社区建设之中。

（三）大数据、云计算等新兴信息技术的发展为 PPP 模式提供了技术支持

随着社会的发展，大数据、云计算技术在政务平台、医疗、电力、轨道交通等方面广泛运用，在实际运用中不断发现和挖掘自身的问题，并逐步解决，促进了我国信息产业的发展。智慧社区建设项目的实质是多种新兴信息技术的整合运用，需要加强技术支持力量。在智慧社区建设项目中采用 PPP 模式，可以更好地发挥私营部门在信息技术上的优势，有利于在技术上为智慧社区的建设提供保障，弥补政府部门在技术上的短缺，更好地实现智慧社区的建设目标。

四、在智慧社区建设中 PPP 模式的运行机制设计

对已有文献的研究发现，不同学者对 PPP 模式的运行机制划分有所不同。黄礼健从国际经验出发，研究了 PPP 项目的主要运行机制包括组织保障机制、价值评估机制、风险分担机制、定价和补偿机制、融资协作机制、变化调整机制、争议解决机制、建议处理机制、履行保障机制、合同管理机制[16]。刘炜和陈景新对县域 PPP 项目运行机制进行了研究，其运行机制主要分为生成机制、融资机制、盈利机制和退出机制[17]。孙艳春和李新在长春市 PPP 模式运行机制的研究中，阐述了 PPP 模式基本运作流程的六阶段，包括项目立项、可行性研究、选择伙伴关系、项目建设、项目运营和项目移交。根据财政部发布的《政府和社会资本合作模式操作指南》，将 PPP 模式主要划分为五个阶段：项目识别、项目准备、项目采购、项目执行和项目移交[18]。

在智慧社区建设中有众多模块，如智慧物管、智慧养老、智慧家居、智慧政务等方面，在智慧物管中又涉及停车场管理、门禁系统、监控设备等。在众多项目中，都需要资金的投入与运营。采用 PPP 模式进行建设，有利于减少政府财政压力、提高管理效率及带来私营部门先进的技术。但实际运行机制与 PPP 项目的成败息息相关，结合智慧社区 PPP 项目建设实际需求，本文将 PPP 模式运行机制（图 1）划分为以下几点：项目识别机制、项目准备机制、风险分担机制、融资机制、价格管控机制、退出评价机制。

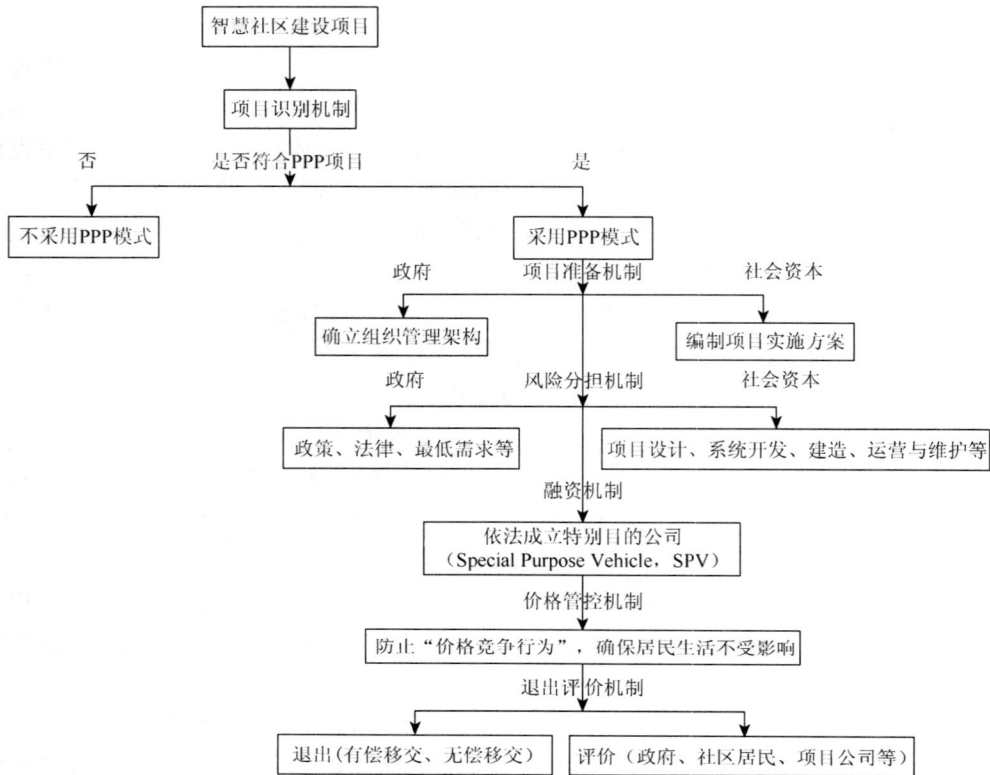

图1 智慧社区建设 PPP 模式运行机制流程图

（一）项目识别机制

在智慧社区建设中，该项目能够采用 PPP 模式的关键是满足以人为本，应充分考虑社区居民的生产生活现状，采用 PPP 模式的项目能进一步提高社区居民的生活满意度。项目识别机制主体为政府或者社会资本，根据不同的发起主体而确定。由政府发起的智慧社区建设 PPP 项目，财政部门（政府和社会资本合作中心）可向交通、住房和城乡建设、环境保护、能源、教育、医疗、体育健身和文化设施等行业主管部门征集潜在政府和社会资本合作项目。行业主管部门可从国民经济和社会发展规划及行业专项规划的新建、改建项目或存量公共资产中遴选潜在项目。

由社会资本发起的项目，社会资本以项目建议书的方式向财政部门推荐潜在的 PPP 项目。财政部门和行业主管部门对潜在 PPP 项目进行评估筛选，确定备选项目。项目识别内容首先从定量和定性两个方面展开物有所值评价工作。定量评价主要通过对 PPP 项目全生命周期内政府支出成本现值与公共部门比较值进行比较，计算项目的物有所值量值，判断 PPP 模式是否降低项目全生命周期成本。定性评价重点关注项目采用 PPP 模式与采用政府传统采购模式相比能否增加供给、优化风险分配、提高运营效率、促进创新和公平竞争等。其次为保证财政中长期可持续性，财政部门应根据项目全生命周期内的财政支出、政府债务等因素进行考察，对需要政府补贴或者付费的项目开展财政承受能力识别。通过物有所值评价和财政承受能力论证的智慧社区建设项目，即可进入下一阶段即项目准备。

（二）项目准备机制

政府部门与私营部门都需要对项目的实施做出准备。政府部门确立组织管理架构，成立专门的 PPP 项目监管部门对 PPP 项目进行监管，该部门具有相对的客观性，部门成员可以由政府、企业、专家学者等人员构成，以确保公正性。对涉及智慧社区建设的 PPP 项目进行评估审查，以确立可以进行合作的企业，由于智慧社区 PPP 项目涉及社区居民的切身利益，政府部门需要严格在项目准备阶段对项目的审查和监管。

项目实施机构需要编制项目实施方案，主要包括项目概况、项目风险分配基本框架、项目运作方式、交易结构、合同体系、监管方式、采购方式等。项目概况包括基本情况、经济技术指标和项目公司股权情况等。项目风险分配基本框架按照风险分配优化、风险收益对等和风险可控等原则，综合考虑政府风险管理能力、项目回报机制和市场风险管理能力等要素，在政府和社会资本间合理分配项目风险。项目运作方式主要分为外包类、特许经营类及民营化三大类，其具体运作方式可分为建设-转移-运营（BTO）、转让-运营-转让（TOT）、建设-运营-转让（BOT）、购买-建设-运营（BBO）、建设-拥有-运营（BOO）等模式。交易结构主要包括项目投融资结构、回报机制和相关配套安排。合同体系主要包括项目合同、股东合同、融资合同、工程承包合同、运营服务合同、原料供应合同、产品采购合同和保险合同等。项目合同是其中最核心的法律文件。监管方式分为依法监督、行政监督、公众监督等多途径监督。项目采购应根据《中华人民共和国政府采购法》及相关规章制度执行，项目实施机构应根据项目采购需求特点，依法选择适当采购方式。

（三）风险分担机制

风险分担机制应按照风险分配优化、风险收益对等和风险可控等原则，综合考虑政府风险管理能力、项目回报机制和市场风险管理能力等要素，在政府和社会资本间合理分配项目风险。原则上，项目设计、建造、财务和运营维护等商业风险由社会资本承担，法律、政策和最低需求等风险由政府承担，不可抗力等风险由政府和社会资本合理共担。

在 PPP 合同中，风险分担的一个重要原则就是让每一种风险都能够由最善于应对该风险的合作方承担，使项目的风险降低[19]。PPP 项目持续周期较长，贯穿于整个项目的始终，江西省鹰潭市智慧社区建设工程合作期限为 30 年，在合作周期中面临着一系列的风险，为保障项目的顺利进行，政府和社会资本需要对项目所带来的风险进行合理的分配与有效的控制。政府部门面临的风险包括选择合作伙伴的风险、政策风险等，私营部门面临的风险包括技术风险、市场需求风险、维修费用高昂等。在项目识别阶段，尽量避免或降低项目风险，在实际运作过程中，不可避免地会出现一定的风险，如出现技术方面的问题时，双方可通过沟通的方式协商解决。在项目签订合同之初，应明确双方在项目实施过程中应当承担的风险责任，在合同中秉承高风险高收益的原则，对在项目中承担风险多的一方获得更高的收益；同时，在智慧社区建设中，尽量降低私营部门承担项目的风险，降低企业运营成本，从而有利于社区居民的生产生活。

（四）融资机制

智慧社区建设 PPP 项目融资由社会资本负责，社会资本可依法设立项目公司（即特别目的公司，SPV），项目公司应及时开展融资方案设计、机构接洽、合同签订和融资交割等工作。项目公司未按照项目合同约定完成融资的，政府可提取履约保函直至终止项目合同；遇系统性金融风险或不可抗力的，政府、社会资本或项目公司可根据项目合同约定协商修订合同中相关融资条款。当项目出现重大经营或财务风险，威胁或侵害债权人利益时，债权人可依据与政府、社会资本或项目公司签订的直接介入协议或条款，要求社会资本或项目公司改善管理等。项目合同中涉及的政府支付义务，财政部门应结合中长期财政规划统筹考虑，纳入同级政府预算，按照预算管理相关规定执行。项目实施机构应根据项目合同约定，监督社会资本或项目公司履行合同义务。

PPP 模式不仅是提高公共产品或服务供给的一种方式，更是有利于促进政府管理创新，转变政府职能的一种方法。PPP 项目融资涉及多方主体利益，如政府、银行及金融机构、项目公司、承建商、运营商、项目发起人、保险公司等，各方在 PPP 项目中都具有重要的作用。

如图 2 所示，SPV 是 PPP 模式运营的重要部分，SPV 有利于减轻政府与私营部门双方的压力。政府可以参与 SPV，不是最大股东，但仍然可以参与智慧社区 PPP 项目的建设，并承担相应的事务，学习先进的技术，提高政府执行能力；SPV 对社会资本来说，有利于减少社会资本的风险，促进私营部门更好地开发与建设项目。例如，日本铁路新干线建设则是采用 PPP 模式进行的，以政府投资（中央政府和地方政府）为主，社会资本（铁路公司）投入较少，采取双向委托模式的融资体制，投资方政府先委托铁路建设项目公司进行建设与后期的管理工作，再委托给铁路运营公司进行经营。在智慧社区 PPP 项目中，融资模式的选择直接影响项目建设的成败，每一个 PPP 项目都有不同的特点，特别是在智慧社区建设中，不能盲目地选择融资模式，应根据 PPP 项目的特点来选择相应的融资模式，保证公众利益，合理避免融资带来的风险。

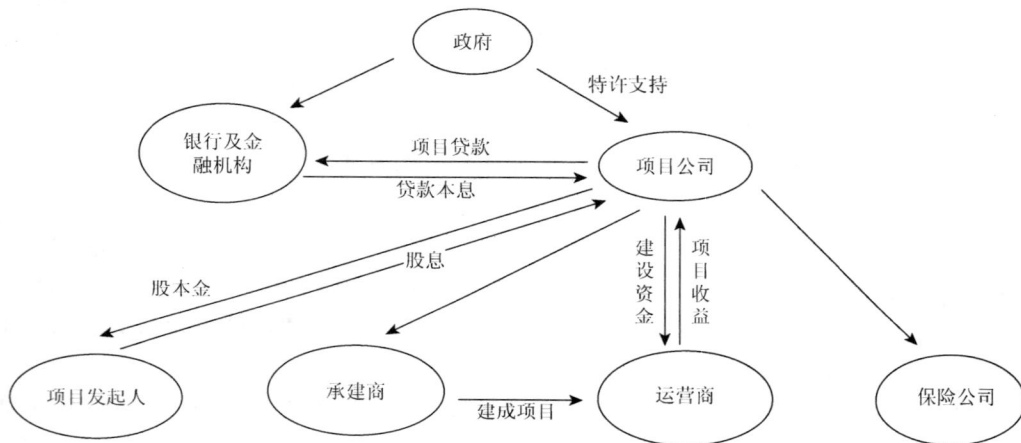

图 2　SPV 运作流程图

（五）价格管控机制

在智慧社区建设 PPP 项目中，建立科学合理的价格管控机制十分重要，有利于防止"短期价格竞争行为"异化为"长期价格垄断行为"。价格高低是政府部门对社会资本提供公共服务管理的核心，在公私伙伴关系项目中，政府部门的目标是实现社会福利最大化，而私营企业的目标则是追求自身利益的最大化，两者之间相互冲突，如何寻找两者之间的平衡则是一个重要的问题。从社会福利角度出发，定价过高则有损社区居民的利益，社区居民需要花费更高昂的费用才能享受社区服务，不利于社区的建设与发展；反之，如果定价过低，则有损于民间资本的积极性，造成私人企业资本亏损。如果以财税补贴的形式弥补私营企业的亏损，私营企业则会过多依赖于政府补贴，降低私营部门提高节约成本的积极性，过度浪费仍会造成财政压力加大，不利于 PPP 模式在智慧社区中的运用与发展。

设计一个有效的价格机制来管控私营部门在项目特许经营期内可能发生的价格垄断行为，并向私营部门的价格行为施加竞争压力，可利用"利润率限定"、"价格封顶或包干"、同行业或同领域"价格比较"等方法；还可以通过"边际成本定价法""二部定价法""平均定价法"等方法进行价格核算，在实际的项目合作中，根据不同项目的特色选定适合的计算方式，通过科学方法计算出合理的价格从而进行规制。经过一段时间的经营后，如果与同类服务失去竞争或明显高于同服务的平均水平，则需要进行新一轮的价格核算，既有利于促进私营部门节约成本，又有利于保护社区居民生活不受太大影响。

（六）退出评价机制

在特许经营期结束后，根据 PPP 模式合作项目合同规定，私营部门就需要按照双方合同约定移交项目经营权给政府部门，但是由于私营部门经验时间长达几十年，在经验过程中需要不断地投入资金，以确保能较好地提供服务，当合同结束后，有部分资产需要政府购买，有部分资产是可以无偿移交的。对于政府无力承担的部分项目，可以考虑与私营部门继续签订经营合同，符合私有化经营条件的项目可按照相关标准实施私有化，在发达国家和发展中国家以及后社会主义国家，政府撤资正在广泛实施[20]。

项目移交工作组应委托具有相关资质的资产评估机构，按照项目合同约定的评估方式，对移交资产进行资产评估，作为确定补偿金额的依据。采用有偿移交的，项目合同中应明确约定补偿方案；没有约定或约定不明的，项目实施机构应按照恢复相同经济地位原则拟定补偿方案。项目移交完成后，财政部门应组织有关部门对项目产出、成本效益、监管成效、可持续性、PPP 模式应用等进行绩效评价，并按相关规定公开评价结果。

PPP 项目后评价对 PPP 项目具有十分重要的意义，在智慧社区建设中，采用 PPP 模式是一种较为新颖的模式。PPP 项目监管部门、政府、社区居民、项目公司等多方面对项目进行评价，可以促进项目的运行和发展，发现项目运行过程中存在的问题及原因，及时改善项目在建设或实施过程中的不足，加强对项目的监督与管理，提高社区居民满意度和维护社区公共利益。

五、结语

目前，我国智慧社区建设采用 PPP 模式仍处于起步阶段，采用何种模式进行智慧社区建设仍在摸索之中。本文通过分析 PPP 模式运用于智慧社区建设的可行性，为智慧社区建设提供了新的建设模式，但本文对智慧社区建设 PPP 模式的运行机制研究仍存在较多缺陷，运行机制需要在实际操作中不断完善。在实际操作中，应坚持"以人为本"的角度，切实考虑社区居民的利益，营造更好、更便捷的社区生活环境，提高居民生活的舒适度和满意度，促进我国智慧社区的建设与发展。

参考文献

[1]　Anthopoulos L, Fitsilis P. From online to ubiquitous cities: The technical transformation of virtual communities[J]. E-Democracy, 2009, (26): 360-372.

[2]　Keisho ka. Smart communities: From dream to reality[J]. JARN, 2012, (5): 4.

[3]　Shinsuke Ito. Smart community and smart meters in Japan[J]. Metering International, 2013, (1): 42-45.

[4]　吴胜武. 智慧社区建设的若干思考[J]. 宁波经济（三江论坛），2013，（3）：7-9.

[5]　肖俊宇，陈永国. 大数据环境下的智慧社区建设研究[J]. 2016 年第一届今日财富论坛论文集，2016，（1）：216-217.

[6]　吴胜武，朱召法，吴汉元，等. "智"聚"慧"生：海曙区智慧社区建设与运行模式初探[J]. 城市发展研究，2013，（6）：5-7.

[7]　王灝. PPP 的定义和分类探讨[J]. 都市快轨交通，2004，（5）：23-27.

[8]　刘薇. PPP 模式理论阐释及其现实例证[J]. 改革，2015，（1）：78-89.

[9]　伍迪，王守清. PPP 模式在中国的研究发展与趋势[J]. 工程管理学报，2014，（6）：75-80.

[10]　吴卓瑾，乔宝云. 构建合理的 PPP 管理框架推进财政和国家治理现代化[J]. 中国财政，2014，（15）：46-49.

[11]　周正祥，张秀芳，张平. 新常态下 PPP 模式应用存在的问题及对策[J]. 中国软科学，2015，（9）：82-95.

[12]　黄腾，柯永建，李湛湛，等. 中外 PPP 模式的政府管理比较分析[J]. 项目管理技术，2009，（1）：9-13.

[13]　刘玲，谢瑞芳. 大数据背景下工程造价信息资源共享研究[J]. 建筑经济，2016，（1）：49-51.

[14]　林致远. PPP 模式：推进智慧城市建设[J]. 中国建设信息化，2016，（5）：68-71.

[15]　安洪海，谷艳波，王一平，等. 开封：引入 PPP 模式，推进信息化建设[J]. 中国财政，2015，（5）：67.

[16]　黄礼健. PPP 运作机制分析和国际经验启示[J]. 新金融，2016，（7）：34-40.

[17]　刘炜，陈景新. 县域 PPP 项目运行机制研究[J]. 财会通讯，2017，（5）：26-18.

[18]　孙艳春，李新. 长春市 PPP 模式运行机制研究[J]. 黑龙江金融，2016，（8）：58-61.

[19]　何寿奎. 公共项目公私伙伴关系：合作机理与监管政策研究[M]. 成都：西南财经大学出版社，2010：71.

[20]　萨瓦斯 E S. 民营化与 PPP 模式：推动政府和社会资本合作[M]. 周志忍，译. 北京：中国人民大学出版社，2015：210.

Research on the Operating Mechanism of PPP Model of Smart Community Construction

Abstract：At present，the PPP model has been widely used in the construction of urban infrastructure in China，and it has become a good approach for the government to attract private capital to participate in the infrastructure construction. It is a novel way to apply the PPP model to the construction of the smart community. This paper analyzed the feasibility of PPP mode application about the construction of smart community. On this basis，it expounds the realistic challenge of PPP mode in the application of smart community construction. According to the construction operation mechanism of PPP project and combining with the actual demand of smart community，the operation mechanism of PPP project in smart community construction is analyzed. This paper discusses the operation mechanism of PPP project，including project identification mechanism，project preparation mechanism，risk sharing mechanism，financing mechanism，price control mechanism and exit evaluation mechanism.

Key Words：Smart Community　PPP Model　Operation Mechanism　Government Regulation

智慧城市实践中的数据利用挑战和应对

冯小东　　汤志伟

（电子科技大学政治与公共管理学院　四川成都　611731）

摘要： 数据作为智慧城市建设和应用中的重要因素与对象，对数据尤其是当前时代大数据的正确认识和利用有助于最大限度地发挥数据的价值以实现智慧城市的目标。本文总结智慧城市实践中对数据的获取与利用过程中在数据整合、数据质量和隐私保护三个方面面临的主要挑战，并结合当前的实践热点和方向，对如何应对这些数据挑战进行思考。

关键词： 智慧城市　大数据　数据整合　隐私保护　数据质量

中图分类号： C912.81　　**文献标识码：** A　　**文章编号：** 978-7-03（2017）04-0023-08

在计算机技术、通信技术和大数据技术的不断推动下，智慧城市成为政府管理部门进行城市管理实践的目标和方向，在交通、教育、娱乐、政务等多个方面进行着变革[1]。进入21世纪，以大数据、数据活化为代表的数据科学与技术开始受到人们的广泛关注。以数据为中心的研究方法和技术理念在信息生物、能源、医药、社会学等不同的学科领域都得到了广泛应用与认可，并促成了大量科研成果的延生。在城市信息化浪潮与数据科学崛起的共同推动下，智慧城市在全球范围内成为下一代城市化发展的新理念和新实践。智慧城市的核心是以新一代信息技术为基础，通过对城市各部分数据进行动态监测、分析、整合和利用，实现对城市生活环境的透彻感知、城市资源的全面调控、城市各方面便捷运作、实现人和城市之间和谐共赢等目标[2]。世界各国尤其是发达国家和地区都在积极开展相关的理论研究与技术探索，发掘城市的数据资源，研发城市智慧应用系统，开展相应的城市试点。在我国从中央到地方也都在积极探讨发展和建设智慧城市。

随着大数据思维趋势的增强，数据逐渐成为企业生产、商业运行及城市管理等的核心资源之一，在智慧城市建设过程中涉及的数据类型包括地图与兴趣点数据、GPS（global positioning system，全球定位系统）数据、客流数据、手机数据、视频监控数据、环境与气象数据、社会活动数据等[3]；这些数据具有大数据、时空多维、多尺度与多粒度、多元与异构等特性。早期的智慧城市技术体系研究由IBM公司的研究人员发起，文献[4]对IBM的Smart Cities[TM]技术功能进行了详细的介绍，其提出的智慧城市功能范围更多的是以服务和基础设施为中心，对于数据的重要性没有做过多的强调。文献[5]从整合的角度对智慧城市系统的框架进行了理解，提出了一种智慧城市的初步框架，该框架认为智慧城市要从政策、组织和技术3个角度将政府、居民社区、经济、基础设施、自然环境相整合，对于技术细节没有做过多的讨论。文献[6]阐述了基于轨迹数据分析与挖掘的智慧城市技术体系框架。在具体应用方面，包括以数据为驱动的智能交通规划[7]、城市动态特征的检测与分析[8]、城区功能识别与规划[9]、空气质量检测等应用[10]。

因此，智慧城市建设和实现的关键是对数据的精细化、智能化和协同化处理，在智慧城市建设过程中，围绕数据的获取和利用问题，有一些关键的挑战值得智慧城市的建设管理部门——政府管理部门进行思考。

作者简介：　冯小东　电子科技大学政治与公共管理学院讲师，研究方向为电子政务与数据挖掘；
　　　　　　汤志伟　电子科技大学政治与公共管理学院教授、博士生导师，研究方向为数字治理、电子政务、智慧城市。

　　智慧城市作为城市在大数据和互联网+时代的发展方向及解决城市运行管理中各种问题所发展的必然阶段，将从不同角度为城市管理过程带来变革。具体地，智慧城市将通过对城市管理现实空间和数据空间的双向映射，为城市提供数据资源视角下的两个基本功能：①数据资源的整合，主要实现组织内部跨部门及其与外部组织之间的数据共享；②数据质量的保证，智慧城市通过对城市应用多源异构数据的有效整合，在实现数据从不同城市组织内部的关联和共享之外，还能通过统一的数据平台和标准保证数据在城市组织部门不同应用中的一致性。数据隐私问题是智慧城市建设在数据整合和应用过程中不可避免的问题，智慧城市建设在管理数据并应用数据分析帮助实现城市管理目标的过程中，对数据的安全问题的防范，尤其是个人隐私数据的保护都是其所面临的重要问题及挑战。

　　本文将分析智慧城市建设中与数据的获取和利用相关的各种问题及挑战，并分析可能的应对措施。

一、智慧城市数据利用的主要挑战

（一）数据整合的挑战

　　智慧城市管理实践中，数据将成为城市管理决策的重要资源，数据资源的跨部门多源共享与整合将成为智慧城市的重要功能之一。大数据研究专家维克托·迈尔·舍恩伯格有一句名言：世界的本质是数据，马云在 2015 年汉诺威信息技术博览会开幕主题演讲中也预言：未来的世界由数据驱动。的确，我们已经进入了一个大数据时代，每天都有大量的数据信息产生，对这些多样的数据的深度挖掘和应用，让我们对未来的世界有了更多想象的空间，也是智慧城市建设的目标之一。然而目前无数数据分散在城市管理的不同领域，各自的数据都无法描绘智慧城市的全貌，实现不同领域来源数据资源的整合是让智慧城市建设发挥数据更大价值的关键。智慧城市建设的本质，就是要按照实际需求，着力破解信息碎片化难题，推动城市范围内相关部门、行业、群体、系统之间的数据融合、信息共享、业务协同和智能服务。然而，目前为解决经济社会难题急需开放、交换、融合、共享的各类信息，在社会中因为类别、行业、部门、地域等被孤立和隔离；同一时空对象所属的各类信息间天然的关联性与耦合性被割裂和遗忘[1]。

　　智慧城市数据整合的挑战首先来源于组织内部不同的业务产生的不同数据。例如，政府部门的不同应用系统分别记录了每个公民的个人基本数据、户籍数据、车辆房产数据、经济活动数据及交通行为管理数据等，而这些应用系统一般单独设计与运行，在数据定义和数据类型上具有多种形式，给政府组织的智慧政务应用目标的真正实现带来数据整合上的挑战。

　　此外，在大数据时代下，借助于数据的外部性特征，组织同时需要处理组织外部的更广泛数据以更大地发挥数据的作用，例如，政府实现全新的个人征信过程中，除了需要面对其所直接管理的各类应用系统保存的上述相关信息，个人在各种开放互联网平台上的行为数据（如网络购物数据、微博发言数据、微信社交网络数据等）也是大数据时代实现个人征信的重要数据参考，而这些数据的类型和结构更加多样复杂，同样带来巨大的数据整合挑战。

　　智慧城市建设面临的挑战还是传统的信息化，包括电子政务没有彻底解决的"老大难"问题，这也是当前我国信息化步入进一步发展中面临和必须要解决的一些关键问题，具体包括：为解决经济社会难题急需开放、交换、融合、共享的各类信息，在社会中因为类别、行业、部门、地域等被孤立和隔离；同一时空对象所属的各类信息间天然的关联性与耦合性被割裂和遗忘；数据开放和信息共享程度受限，信息资源开发利用水平不高；信息服务的便捷化、高效化、产业化、智能化水平不高。智慧城市建设的本质，就是要按照实际需求，着力破解信息碎片化难题，推动城市范围内相关部门、行业、群体、系统之间的数据融合、信息共享、业务协同和智能服务。

（二）数据质量的挑战

智慧城市建设在多源数据整合过程中对数据质量有一定的要求，要保证所拥有的数据及整合后的数据是一致有效的，即能真实地反映城市管理的状态，因此数据质量是智慧城市建设实践过程中需要考虑的重要挑战之一。智慧城市所管理使用的数据显然具有大数据的特点，但是大数据并不完全等同于"大量数据"，城市管理者在对来源于不同部门的数据进行整合后和有效应用之前，应该保证所整合管理数据的质量。试想人们对干净的水源和纯净的空气的要求有多高，智慧城市对数据质量的要求就有多强，数据的质量决定了数据的可用性和易用性，最终影响数据应用的结果。

实际应用中，很多政府部门的应用系统中都会有不准确、不完整甚至前后矛盾的数据。首先，智慧城市整合的不同来源数据中存在数据不一致问题，政府的不同系统中管理着同样的数据，这些数据更新操作的不一致则会带来数据显示的不一致[7]。例如，住房和城乡建设部住房公积金 600 多个中心都各有一套系统及各自的数据定义标准，导致其不能互相联通。此外，数据的精确性、完整性和时效性都是需要关注的问题。例如，某城市社区实际人口数量为 202256 人，在计算机系统中记载为 20 万人，此数据看似合理，却不精确，并未包含其余的 2256 人；或者政府部门的户籍管理系统中公民的基本数据存在不完整的数据及不及时更新的数据。

这些问题都会导致数据的可用性显著下降，采用这些低质量数据会引起一系列不良后果，如何保证数据的质量也就成为智慧城市建设时需要解决的问题。

（三）数据隐私安全的挑战

数据安全和隐私保护是大数据应用以前就广泛存在的问题，是伴随着数据应用而出现的必然问题，如从战争中演变而来的间谍与反间谍活动，这样的数据隐私主要是针对整个国家的关乎国家安全的数据或者针对整个企业的关乎企业生存的数据。因此，智慧城市建设中的数据安全及隐私保护问题也是城市管理在应用数据过程中必须要面对的挑战。

在智慧城市各方面的应用中，公民的个人数据将逐渐成为非常重要的资源。个人数据不仅可以被企业利用，为自己的产品设计和营销等活动提供战略指导，并且可以为政府制度制定、政策法律制定提供参考价值，同时是学术科研活动最好的证据支撑。个人数据如此巨大的价值正逐渐凸显，如今对个人数据的收集、交易、处理、分析等活动非常活跃，但是这些活动正将个人数据的隐私置于随时泄露的危险境地。

智慧城市建设过程中的数据共享和开放显然会带来数据的隐私安全问题。智慧城市建设在利用大数据的"4V"（多样性、体积大、时间变化性和价值性）特征带来额外便利性的同时，也给数据隐私保护带来了更大的困难，例如，大量的各种公民隐私数据都有随时泄露的可能，并且泄露带来的损失也不可避免。按照隐私安全问题产生的方式不同，智慧城市建设中的隐私安全问题可以划分为直接隐私暴露和间接隐私暴露。

直接隐私暴露主要源于黑客通过攻击政府内部的网络而获取大量个人隐私数据以及数据整合与数据开放机制的需要造成开放的数据中暴露了个人的敏感数据，这其中后者更值得引起关注。例如，在社保服务领域，根据《经济参考报》2015 年 4 月 22 日的报道，我国社保系统已经成为个人信息泄露"重灾区"，数据显示，目前围绕社保系统、户籍查询系统、疾控中心、医院等大量曝出高危漏洞的省市已经超过 30 个，仅社保类信息安全漏洞统计就达到 5279.4 万条，涉及人员数量达数千万人，其中包括个人身份证、社保参保信息、财务、薪酬、房屋等敏感信息。据 2011 年《羊城晚报》的一篇报道，记者根据市民提供的信息，登录了广东省社会保险基金管理局的官方网站，并在首页中间的"全省个人养老信息查询"中任意输入一名参保人的身份证号，就可以进入登录界面。单击IE 浏览器的"查看"选项，再选择"查看源代码"，在弹出的 TXT 文档中，一些隐藏的个人信息出现了，包括姓名、性别、单位、个人社保编号及缴费状态等。借助上述个人信息，在参保人未在该网站注册的情况下，其他用户可以轻松地代他完成注册登录，从而查询到个人养老保险的各项信息，包括个人基本信息、登记职工联系方式、养老缴费历史等。这一重大的安全管理漏洞，使得参保人员的个人隐私信息面临着很高的泄露风险。这些事例都还只是在传统单一政府部门提供的电子化公共服务中出现的，在推进智慧城市建设的过程中，由于政府部门间信息的共享，能够接触、掌握公民个人隐私信息的部门和人员都会显著增加，在这种情形下，公民的个人隐私保护将面临更高的风险。

间接隐私暴露出现在政府部门应用数据的过程中，使用数据行为不当，造成公众隐私的无意泄露或者使用隐私数据进行数据分析本身就是对个人隐私的泄露。这些问题在当前的商业应用中尤其明显，如美国著名超市 Target 公司的数据挖掘项目，其可以预测顾客的购物倾向，系统预测了一位少女顾客可能怀孕，并将妊娠用品广告发送给她，她父亲看到后很生气，但该系统的预测是准确的，这样的大数据应用带来的个人隐私泄露产生于未经用户授权而直接利用组织所掌握的数据进行分析应用。对于数据的二次开发使得一些原本不危害个人隐私的数据通过数据挖掘也可能关联出个人隐私，例如，美国在线曾公布大量匿名化处理的旧搜索数据以供研究，但是《纽约时报》还是通过把关键词综合分析后发现数据库中的某号代表的是佐治亚州利尔本的塞尔玛阿诺德。此外，数据挖掘的预测性也会带来隐私泄露，例如，银行通过数据预测出个人未来的偿还能力，评价出其信用等级来决定是否为其提供贷款，某些组织甚至能够通过大数据预测出个人犯罪的可能，对个人未来的预测及基于未来行为的决策严重侵犯了现实生活中公众的隐私，这些被预测的隐私直接影响个人名誉[11]。这些问题随着智慧城市对数据应用的不断扩大和深入也会出现，是值得智慧城市管理者思考的一个问题。

二、智慧城市数据利用的应对措施

（一）数据整合挑战的应对

1. 实现数据在政府部门内部的共享

在智慧城市建设中，要使政府服务深入广大群众，首先要把数据在城市进行汇集，然后清洗、筛选，为群众提供各类服务。达到这一目标的前提是政府的数据开放共享。在智慧城市建设中，数据资源关乎一个城市的综合竞争力。从现实情况看，数据资源的开放、共享、利用仍是难啃的"硬骨头"，实现数据共享打破数据壁垒，是推进智慧城市建设的关键。

要解决好这个问题，必须从体制机制入手，建立制度保障。进一步加快推进数据资源共享与更新。建立促进数据共享的跨部门协调机制，完善数据更新机制，进一步加强政务部门数据共享和数据更新管理。政务部门应根据职能分工，将本部门建设管理的数据资源授权给有需要的部门无偿使用，共享部门应按授权范围合理使用数据资源。要以城市统一的地理空间框架及人口、法人等数据资源为基础，叠加各部门、各行业相关业务数据，加快促进跨部门协同应用。要整合已建政务数据系统，统筹新建系统，建设数据资源共享设施，实现基础数据资源和业务数据资源的集约化采集、网络化汇聚和统一化管理[12, 13]。

2. 加强数据对外的开放应用

政府部门内部数据整合的挑战可以通过建立有效的数据共享机制来解决，除此之外，为了打破跨组织的数据壁垒，充分实现数据的外部效用，建立合理有效的数据开放制度与政策是一个重要方式。尤其是政府开放数据的要求，逐渐成为大数据时代中为了最大化实现数据整合以利用数据的价值，政府公共组织必须遵循的规则[14, 15]。

数据是政府掌握的核心资产，也是长期以来政府治理国家的重要工具，许多国家的政府已成为本国最大的数据生产者和拥有者。随着大数据时代的来临，信息不对称的格局发生了根本改变，在政府数据爆炸式增长的同时，公众的数据意识和使用数据的能力迅速提升。与此同时，数据已然成为重要的生产资料，社会各界对政府开放数据的需求越来越强烈。美国作为全球政府数据开放的先行者，已通过立法、政府指令、数据管理、建立门户网站、鼓励应用等手段，不断拓展政府数据开放的影响力，并取得了显著成效，其他国家纷纷效仿，政府数据开放席卷全球，成为大数据时代的必然趋势。

因此，从推进数据开放的视角，政府部门应当深化重点领域信息资源开发利用，大力推动政府部门将企业信用、产品质量、食品药品安全、综合交通、公用设施、环境质量等信息资源向社会开放，鼓励市政公用企事业单位、公共服务事业单位等机构，将教育、医疗、就业、旅游、生活等信息资源向社会开放[16]。支持社会力量应用信息资源发展便民、惠民、实用的新型信息服务。鼓励发展以信息知识加工和创新为主的数据挖掘、商业分析等新型服务，加速信息知识向产品、资产及效益转化。

然而，推进智慧城市建设涉及的信息开放有一定的难度，需要从立法、建立标准、执行监督等方面制定一系列措施，在规范数据开放的同时，形成开放的倒逼机制，推动各级政府及相关社会组织实施开放。首先，展开数据开放的立法工作，通过全国各级人大立法机构，建立数据开放立法推进委员会，启动数据开放立法。其次，利用信息化公共信息服务平台，协同政府，建立数据开放的基础。再次，提高服务能力，让信息化弱的部门加快信息化的步伐，增强数据开放意识。最后，利用管理中心的公益价值服务于民众、企业和政府有关部门，同时，鼓励创业者利用数据资源创新创业，支持传统行业利用数据资源转型升级，通过数据资源全社会的共享共治，服务于中央提出的创新国家治理体系的建设目标。

（二）数据质量挑战的应对

1. 建立统一的数据标准规划

政府不同部门间的数据共享能很好地解决多源数据的整合问题，但是其中不同系统的数据不一致问题需要政府总体上对数据的标准有统一的规划。以我国的住房公积金建设为例，目前全国住房公积金管理系统面临"三无"窘境：没有统一的技术标准、数据标准、接口标准，导致数据难以共享，系统五花八门。某地住房公积金的一位人士介绍，目前全国各地住房公积金的信息系统林林总总，有些是基于银行系统开发的，有些是中心委托软件公司开发的，数据结构及数据定义缺乏统一的标准和规范，这种发展状况严重制约了公积金的信息化管理，也带来了一系列的管理隐患，出现很多数据口径的偏差，直接导致统计口径偏差和统计数据失真。建立全国住房公积金的基础数据标准，是建立住房公积金监管系统的前提。

因此，住房和城乡建设部在 2014 年出台并公布了《住房公积金基础数据标准》。其中要求在现有业务信息系统数据库中建立标准数据表，实现系统生产数据项与标准数据表中数据项的对照映射，确保能够覆盖标准数据表中所有数据项。住房公积金基础数据由公共、归集和提取、个人住房贷款、建设项目贷款、财务、结算等六部分组成，包含 29 张数据表，394 个数据项，241 个代码。《住房公积金基础数据标准》适用于住房公积金信息系统建设中基础数据的创建、检查、存储、传输、共享和集成。根据住房和城乡建设部的部署，在 2017 年底之前，力争实现所有公积金中心完成《住房公积金基础数据标准》贯标工作目标。一旦基础数据库成型，各市、县、省级住房公积金形成统一的基础数据标准，住房公积金监管系统才可能互通、相连，并进一步连至住房和城乡建设部，打破监管漏洞。住房和城乡建设部在统一住房公积金数据标准上的实施方法为智慧城市建设中的数据质量保证提供了很好借鉴。

2. 建立政府首席信息官制度

大数据背景下，数据的复杂性增加了数据管理的难度，既懂得数据管理与分析技术，又谙熟城市管理各项业务的新型复合型管理人员是城市管理部门应用数据实现智慧城市价值和目标过程中最急需的人才。首席信息官（chief information officer，CIO）就是这类人才的典型代表，首席信息官是有效管理企业或政府组织大数据、保证大数据质量的中坚力量。一份针对全球 500 家企业的调查结果显示，指定高层管理人员专门负责数据管理的 5 家企业的绩效要远远高于其他企业的绩效。因此，大数据环境下，政府同样需要首席信息官这样的新型管理人才，根据智慧城市的业务需求选择合适的数据管理技术及应用工具，进行相关的数据处理和挖掘分析。

首席信息官架构是以独立设置的首席信息官为核心，由其基于政府决策全权负责区域信息化推进，并通过下派或集中的方式组织各成员单位协同建设的组织架构建设模式。首席信息官是负责一个国家、地区、组织或企业信息领域战略制定、体系执行、系统建设、技术应用等各方面持续推进和改善的高级官员，他通过指导信息化进程实现对国家、地区、组织、企业发展目标的支撑[17]。智慧城市的建设需要方向拟定、跨界沟通、项目实施等多层级、全方位的统筹协调和监管掌控。首席信息官的职责和作用契合智慧城市的建设需要。目前全球多个国家和地区在智慧城市的建设过程中已经形成了基于首席信息官的组织架构，其中以新加坡和英国为典型代表。

在智慧城市建设过程中建立政府首席信息官制度，不仅直接涉及公共部门人力资源开发的制度创新，也涉及现行行政体制和城市管理体制的变革。因此，在建设首席信息官制度的过程中，要坚持如下三个原则：一是从我国智慧城市发展的实际水平和发展的需要出发，切实解决智慧城市实践中遇到的诸多现实问题并具有一定的未来适应性；二是充分考虑我国的政治与行政传统，从我国现行的行政管理体制和公共部门人力资源开发的发展实际出发，在行政管理体制改革和公共部门人力资源开发制度改革的层面上进行系统考虑与整体谋划；三是尊重政府首席信息官制度建设的一般规律，吸收借鉴国际上和其他领域首席信息官制度建设的经验教训。

（三）数据隐私安全挑战的应对

政府数据开放是建设智慧政府的新举措，有效保护个人隐私是保障政府数据开放的重要工作。我国政府在政府信息公开方面已经取得了一定的成就，数据开放中关于个人数据的保护成为大数据时代一个很重要的话题。政府数据开放和个人隐私保护其实是一个事物的两个方面，也是个人利益和公共利益的平衡。在政府数据开放过程中要协调好两者的关系，做好个人信息隐私的保护工作。

对于隐私保护，首先，政府部门应完善相关的个人信息保护立法，尽快制定一部全国统一的个人信息保护法，界定个人信息的概念和范围，确立个人信息的使用规则，明确个人信息权利主体所享有的权利、相关义务主体所应当履行的义务，确立严格的违法处罚与责任追究机制等；其次，在制定统一的个人信息保护法的基础之上，根据新技术环境下个人信息保护的现实需要，由相关政府部门针对不同的领域制定具体的有关个人信息保护的部门规章，以满足不同领域个人隐私信息保护的独特需求；此外，也要加强政府部门内部有关个人隐私保护的制度规范建设，应根据本部门提供的具体公共服务的特点，制定相应的公民隐私权保护政策，对于本部门在提供公共服务的过程中涉及的公民个人隐私信息的收集、传输、保存和使用等环节做出规范要求，对于智慧城市建设实施过程中涉及跨部门信息共享的，要制定有关跨部门个人隐私信息共享和流转的操作规范与保护政策，明确有权接触个人隐私信息的相关工作人员的隐私保护义务，以及违反个人隐私保护规定所应承担的责任[18]。

首先，作为数据开放的主体，政府要在数据开放之前对数据进行过滤，基本遵循三大原则：基于公共利益的个人数据要优先开放；基于商业利益的个人数据要限制开放，对商业利用个人数据要进行监管；基于个人利益的个人数据以保护为主、适当开放。其次，用立法实现数据开放和个人隐私保护的连接，对政府数据开放中的个人数据保护进行单独立法，形成立体的、多层次的个人信息保护法律法规与政府数据开放相配合。最后，政府数据开放中建立公民监管和法律救济制度，公民如果发现个人数据被非法泄露、使用等现象，可以进行反馈并获得法律援助[19]。

三、总结

本文围绕数据的获取和利用，分析智慧城市建设中与数据的获取和利用相关的各种问题及挑战，并分析梳理了政府管理部门应对这些挑战的主要措施。在数据整合方面，主要从内部的信息共享和外部的数据开放实现最大的数据整合；在数据质量保证方面，应当有统一的数据标准和规划，并考虑建立完善的政府首席信息官制度；在数据隐私安全方面，应当在数据开放和数据隐私保护方面同时实现法律制度的完善及内部管理制度的规范。这些为政府部门应对智慧城市建设实现数据最大化利用的一些突出问题提供了参考。

参考文献

[1]　韩兆柱，马文娟. "互联网+"背景下智慧城市建设路径探析[J]. 电子政务，2016，（6）：89-96.

[2]　王静远，李超，熊璋，等. 以数据为中心的智慧城市研究综述[J]. 计算机研究与发展，2014，51（2）：239-259.

[3]　Zheng Y，Capra L，Wolfson O，et al. Urban computing：Concepts，methodologies，and applications[J]. ACM Transactions on Intelligent Systems & Technology，2014，5（3）：38.

[4]　Harrison C，Eckman B，Hamilton R，et al. Foundations for smarter cities[J]. IBM Journal of Research & Development，2010，54（4）：1-16.

[5]　Chourabi H，Nam T，Walker S，et al. Understanding smart cities：An integrative framework[C]. Hawaii International Conference on System Science. IEEE，2012：2289-2297.

[6]　Pan G，Qi G，Zhang W，et al. Trace analysis and mining for smart cities：Issues，methods，and applications[J]. Communications Magazine IEEE，2013，51（6）：120-126.

[7]　Djahel S，Doolan R，Muntean G M，et al. A communications-oriented perspective on traffic management systems for smart cities：Challenges and innovative approaches[J]. Communications Surveys & Tutorials IEEE，2015，17（1）：125-151.

[8]　Liu S，Liu Y，Ni L M，et al. Towards mobility-based clustering[C]. ACM SIGKDD International Conference on Knowledge Discovery and Data Mining. ACM，2010：919-928.

[9]　Noboa L，Lemmerich F，Singer P，et al. Discovering and characterizing mobility patterns in urban spaces：A study of manhattan taxi data[C]. International Conference Companion on World Wide Web. ACM，2016：537-542.

[10]　Zheng Y，Liu F，Hsieh H P. U-Air：When urban air quality inference meets big data[C]. ACM SIGKDD International Conference on Knowledge Discovery and Data Mining. ACM，2013：1436-1444.

[11]　薛孚，陈红兵. 大数据隐私伦理问题探究[J]. 自然辩证法研究，2015，31（2）：44-48.

[12]　李永忠，董凌峰. 政府部门间 G2G 信息资源共享的演化博弈分析[J]. 电子科技大学学报（社会科学版），2015，17（2）：6-10.

[13]　蒋敏，邹逸江. 基于"智慧城管"的宁波市城市管理多源数据整合研究[J]. 北京测绘，2016，（3）：90-94.

[14]　郑磊，高丰. 中国开放政府数据平台研究：框架、现状与建议[J]. 电子政务，2015，（7）：8-16.

[15]　Aobing S U N，Tongkai J I. 面向智慧城市的大数据开放共享平台及产业生态建设[J]. 大数据，2016，2（4）：69-82.

[16]　杨丽娜，邵静，彭玲，等. 面向智慧城市数据管理和多维决策的时空数据仓库建设[J]. 测绘科学，2014，（8）：11-16.

[17]　张越，邢帆，宗凉. 国内外的首席信息"观"——信息化之路：政府与企业同行[J]. 中国信息化，2014，（20）：24-28.

[18]　张晓娟，王文强，唐长乐. 中美政府数据开放和个人隐私保护的政策法规研究[J]. 情报理论与实践，2016，39（1）：38-43.

[19]　周民，贾一苇. 推进"互联网+政务服务"，创新政府服务与管理模式[J]. 电子政务，2016，（6）：73-79.

Challenge of Utilizing Data in Smart City Practice

Abstract：Since data is becoming the most important element and object in constructing smart city and running the smart city，well understanding and use of data，especially big data in now ages，will potentially help to mine the maximum value from data and thus realize the objective of smart city. This paper is focused on how to collect and use data in the practice of smart city；we review the main challenge it will face in data fusion，privacy protection and data quality when building smart city and also the possible measures to deal with it.

Key Words：Smart City　Big Data　Data Fusion　Privacy Protection　Data Quality

智慧政务研究与应用进展*

胡吉明

（武汉大学信息管理学院　湖北武汉　430072）

摘要： 目前，政府服务化和智慧化转型发展不断推进，国内外智慧政务研究不断深入。本文基于国内外的相关文献数据库，对国外和国内智慧政务的研究文献进行全面梳理和归纳综述，得出当前国内外智慧政务研究主要集中于智慧城市中政务服务定位及建设思路、移动政务的架构与实施、政务服务的云计算应用等。总体上，虽在智慧政务的业务、类型、应用等方面有所突破，但仍存在诸多问题，如不同利益相关者视角下的智慧政务服务优化，面向不同服务终端、服务对象和服务级别的业务整合、服务集成与分级实施，智慧政务建设的平滑过渡及一体化实施效果不理想等。

关键词： 智慧政务　政务服务　研究与应用进展

中图分类号： C912.81　　**文献标识码：** A　　**文章编号：** 978-7-03（2017）04-0031-07

一、引言

当前政府在实现政务业务的融合和协同中，提供随需而变的服务，以及实现电子政务效率最大化，推动着电子政务不断往高级阶段发展：智慧政务。围绕智慧政府转型、智慧政务开展、实施架构、技术模型以及其他相关因素等问题，国内外研究机构和学者开展了一系列研究，在概念、理论、框架、架构、模型和技术实现等方面取得了诸多成果，推进了以"面向公众服务"与"新一代信息技术"为核心的智慧政府和智慧政务建设。本文基于 WoS、Springer、Emerald、Elsevier ScienceDirect、中国知网、万方等国内外文献数据库，主要从智慧政府、智慧政务等相关主题研究的论文、报告等出版物入手，系统梳理当前智慧政务的研究现状，并归纳总结相关的研究经验和建设思路。

二、国外智慧政务理论与应用研究

国外对智慧政府和政务的研究起步较早，理论与应用研究交叉较多，两者同时进行且相互作用[1]。近5年来，国外研究大多集中于信息通信技术（information and communication technology，ICT）理念和技术应用、公用服务优化、基于云计算的移动政务架构与优化、智慧政务实施中的障碍因素和解决方案、政务安全策略等方面。

（一）智慧城市中的政务服务定位

政府在智慧城市建设中的角色、地位、作用等日益成为整个智慧建设研究和实施中的一个重要研究课题。Chu 和 Sun 指出尽管各国在政务电子化实施中的政策、范围、程度等不同，电子政务及其智慧化实施在政府可持续发展中的作用已得到各国的一致认同[2]。Pardhasaradhi 和 Paul 认为发达国家和发展中国家的差距将不再体现在资源、人力等方面，将会集中于其政务职能和政务服务的组

*本文是中国博士后科学基金面上项目（2015M572202）、国家自然科学基金青年项目（71303178）的成果。

作者简介： 胡吉明　男，博士，副教授，主要研究方向为政府信息资源管理与服务，Email：hujiming@whu.edu.cn。

织能力上，特别是信息通信技术在政务中的部署程度[3]。Garcia-Sanchez 等指出电子政府、电子政务和电子民生是智慧政府发展的 3 个基础阶段，信息透明度、行政程序的优化处理和公民在决策中的参与程度等问题已日益凸显[4]。Yin 等指出智慧城市建设的首要目的是提供智慧的城市服务，加速城市的数字化建设和优化城市在各个领域的管理；其关键解决方案则是加强各政府部门、行业部门、基础设施等的数据关联以及在此基础上的服务提供[5]。Okewu E 和 Okewu J 认为政务信息流程的职能作用应通过信息通信技术强化，加强政府管理人员的责任感，降低腐败概率和舒缓社会压力[6]。

（二）智慧政务建设与发展演化

当前各国已经认识到政府或政务在整个智慧城市建设中的地位和作用，政府或政务的智慧化实施是智慧城市可持续发展的重要主导力量。因此，各国研究学者对智慧政务理论框架和具体建设情况进行了大量研究与比较分析，在总结规律和发现问题的同时，提出了相应的解决策略，并指出了未来的发展道路[7]。

首先，政务智慧化的发展趋势探讨。例如，Gil-Garcia 和 Sayogo 认为智慧政务是电子政务发展的必然方向，但是当前需要迫切解决的问题是技术与政务的适应性、政务服务提供的技术性限制、政务行政人员的工作思路转变和业务培训等问题[8]。Anjaneyulu 和 Raj 指出政府政务和信息服务商之间的代理合作关系建立将是未来智慧政务的发展支撑，将会增加政府政务的透明性并且使其更加具有针对性[9]。Myeong 等认为 GOV3.0 政务服务的价值体现在开放性、共享性、交互性和协同性上，在首尔等韩国大都市的调研中发现，各政府都积极地从以上 4 个方面展开智慧政务的策划与实施[10]。

其次，基于当前信息通信技术发展和部署应用的智慧政务建设。例如，Delport 等指出信息通信技术在城市经济、政治和文化发展中具有重要作用，一个成功的信息通信技术解决方案是智慧政务实施的重要保证[11]。Piro 等认为信息通信技术理念和应用的不断推广，对智慧城市建设中的公共服务提供和创新起到了至关重要的作用，有助于提升城市公众的整体生活质量；信息通信技术政务服务平台在政府管理和公共行政管理等领域将得到广泛应用[12]。Kalsi 和 Kiran 通过调研发现信息通信技术对电子政务的服务质量作出了重大贡献，并有针对性地提出了政务优化的战略政策框架，以期利于创建高效与成功的电子政务环境[13]。

（三）移动政务架构、模型与实施

移动政务与电子政务是政务发展阶段中不可分割的两大部分，也是电子政务在不同服务终端上的体现；移动终端技术的不断升级和服务呈现的不断优化，使得电子政务的移动化成为现实。

首先，在移动政务策略研究上，Almiani 等认为电子政务向移动政务的过渡转型存在两种方式：一是从电子政务平滑过渡；二是直接建设移动政务。当前移动政务虽不断提出和实施，但政府没有起到主导作用，尽管潜力巨大但远未达到预期的利用水平[14]。Chen 等将移动政务看作电子政务的一个子集，因其没有时间和空间的限制，成为当前政府向公众开展政务服务的新手段，其便捷和舒适性促进了政府部门效率提高与绩效增长[15]。

其次，在移动政务服务质量研究上，Shareef 等基于大量的数据调研，最终确定了移动政务服务质量的四维度范式：关联性、交互性、易理解性和可靠性，并提出了 16 个观测变量来评估这些潜在的变量或维度[16]。Faisal 和 Talib 认为移动政务系统中的情景感知设计在提高公众参与程度方面具有积极作用，包含用户对内容、服务、平台、设备等的情景感知，将有助于提升移动政务服务质量[17]。

（四）智慧政务中的云计算应用与实施

云计算因其在分布式计算、存储、安全、灵活性、扩展性等方面的优势，受到当前众多政府的青睐，应用于智慧政府和智慧政务建设中[18]，推动政务系统建设和优化服务质量[19]。

在政务云计算应用论证上，Mohammed 和 Ibrahim 认为云计算为智慧政务实施提供了较强的可拓展性，以及个性化和高效的使用环境，同时指出经济实用和扩展性需求是推动云计算政务实施的

两大驱动因素[20, 21]。Mreea 明确指出云计算能够实现政务大数据的收集、存储、处理、传递与利用，且具有高效、便利、稳定、易于实施、绿色环保、抗灾性强等优点[22]。Khalil 等认为政务云是在信息通信技术基础上对政务服务的升级和优化，是建设以公众为中心的政务服务的重要途径，能够有效提升政府的责任感和政务服务的透明性[23]。Daradkeh 等认为政府应该将其资源和服务部署至"云"端，可将政务云分为公共云和私有云两大部分，从而兼顾安全性和灵活性[24]。

在政务云计算实施研究上，Suciu 等针对当前政务数据分散分布、异构性和设备多样化的特征，提出了基于云计算和物联网的政务服务架构，统一管理、处理、共享和传递政务数据[25]。Liang 和 Jin 指出实施政务云的首要步骤为建设区域政务云数据中心[26]，建立政务建设的统一标准，缓解信息孤岛、政府部门合作困难、公共需求无法有效满足等问题。Dermentzi 等在阐述政务云计算服务建设的必要性和可行性基础上，指出目前智慧政务的云计算建设途径主要有两种：构建整体的云服务架构和建设政务云数据中心[27]。

三、国内智慧政务理念探索与政务云建设

纵观当前我国智慧政务研究和实践的情况，发现其研究主题多集中于智慧政府中的政务开展理念、移动政务实施方式和方法的探索、基于云计算的电子政务延伸等；值得指出的是，在移动政务和政务云建设等方面，我国诸多城市进行了规划、部署和实施。

（一）智慧政府中的政务开展

我国学者普遍认为，智慧政务是推动服务型和透明化政府建设的重要因素，他们从各个层面进行了大量的论证和阐述[28]。

朱晓宁等指出当前存在技术导向、工业导向、服务导向和环境导向四种中国智慧政府建设类型；其中，以政务服务为导向的智慧政府将是未来发展的最佳选择，但是其普遍存在的问题是大多为宏观层面的策略和执行方案[29]。徐晓林和朱国伟认为智慧政务是政府服务质量提升的有效路径，在交互性治理结构、跨边界集成和泛在公共服务等方面具有优势[30]。曹凯认为智慧政务中基于大数据的分析判断和科学决策，重构了以感知、评价、决策、管理服务和传播的智慧化政府管理新流程，形成了政民融合、良性互动的治理新格局，对城市经济发展、社会管理、生态保护、民生服务等具有重要作用[31]。

在智慧政务建设思路上，于施洋等认为当前中国政府服务体系基本形成，主要包括信息公开、在线政务和政民互动三大服务功能，提出应从服务感知、服务推送、服务测评等方面进行智慧政府政务门户服务建设的思路[32]。赵玎和陈贵梧指出当期我国智慧政务建设应采取自上而下和先行先试的策略，最终实现政府服务的智能化[33]。赵银红指出智慧政务代表了电子政务发展的新方向，目前我国仍处于从电子政务向智慧政务转型的过程中，政府应在构建智慧办公平台的基础上，通过智慧的决策为公众提供智慧的服务[34]。张勇进提出基于大数据分析技术建构智慧政务服务体系，提升政府的掌控能力、响应能力和服务能力，提高政府决策质量和社会满意度[35]。

（二）新一代网络环境下的移动政务

随着政府政务服务改革步伐的不断加快，新一代互联网、物联网、移动宽带、云计算、智能感知等技术和概念的兴起与运用，我国政府政务发展将集成信息共享和信息通信技术平台化应用，逐步推进面向公众的多终端人性化的移动政务服务。

目前，经过大量的论证和案例分析，我国学者普遍认为移动政务已成为当前智慧政务开展的重要方式，同时体现出了自身的优越性。戴伟认为移动互联网已成为我国电子政务全面升级的战略支撑，移动政务因其在降低行政成本和提高公共服务效率等方面的优势，将成为今后增强政府公共服务能力的重要手段[36]。于冠一等指出中国的移动政务建设已经开始从理论走向实践，符合服务型政

府建设的要求，实现了政府服务的普遍化、增值化和交互性[37]。在移动政务的服务提供和流程创新上，杨杨分析了移动政务建设与政府服务再造的关系，移动政务是政府服务再造的支撑，政府服务再造是推动移动政务的主导力量，两者互相促进和补充[38]。丁婵等指出移动政务提高了政府公共服务的效率，降低了行政成本，扩大了公用服务范围，认为"全面无缝""均等化""包容性"将是移动政务未来的发展方向[39]。

此外，在移动政务影响因素研究方面，Liu 等对我国浙江省的移动政务采纳情况进行了实证研究，其采纳意图主要受到技术属性、社会因素和信任等的影响，具有一定文化知识的男性青年是移动政务服务的主要采纳者[40]。Wang 基于技术接受模型（technology acceptance model，TAM）进行了我国移动政务使用中的体验价值研究，移动性、感知有用性和安全性等的影响显著，进而影响公众对移动政务服务的满意度和信任[41]。朱多刚和郭俊华研究了移动政务的公众接受度问题，构建了移动政务公众接受度影响因素模型，提出应从感知、价格、可靠度和可信度等方面完善移动政务服务[42]。

（三）基于云计算的政务服务实施

2011 年工业和信息化部组织编制与发布了《国家电子政务发展"十二五"规划》，在"建设完善电子政务公共平台"的任务部署中，明确指出"全面提升电子政务技术服务能力"和"鼓励向云计算模式迁移"，从此开启了我国政务建设的云计算时代。因此，对于政府而言，云计算无疑是一个发展契机：通过整合现有的信息通信技术资源，基于云计算构建统一的政务服务体系，能够有效提升政务业务系统的响应能力，降低总体运营成本，提升政务服务效率和质量，同时加快政务应用创新和部署速度，降低新业务的投入和运维成本[43]。

在政务云计算应用的可行性论证上，汪玉凯明确指出云计算的广泛应用为电子政务建设开辟了一个全新的路径和解决方法，政务云将对政务服务产生革命性的影响[44]。韩祎伟明确指出电子政务云应用能够整合和优化政府内信息资源，提升政府服务绩效；基于此提出了政务云智慧社区服务平台设想，实现社区资源、业务和服务的协同优化[45]。赵志超针对电子政务建设和发展中存在的大数据问题，提出了一种智慧政务大数据云计算的实现框架，从基础设施、软件服务、应用功能、信息安全等方面论证了其优越性[46]。

在政务云计算应用的实施策略上，周冰和张志刚认为政务云即各级政府部门及直属委、办、局的私有云，需要整合各个部门需求进行集中化虚拟管理，构建政务内外网的云计算服务平台[47]。牛力基于云计算平台进行了政务信息资源整合框架研究，提出基于支撑云、业务云和公共云的政务云服务平台设想[48]。刘军霞等针对传统电子政务海量数据处理的瓶颈，采用 Hadoop 分布式平台部署电子政务云服务，既降低了运行压力，也增强了政务平台的扩展性[49]。朱继团等从 IaaS（infrastructure as a service，基础设施即服务）、PaaS（platform as a service，平台即服务）和 SaaS（software as a service，软件即服务）三个层次进行政务服务的云计算架构设计，提出了政府部门内部协同服务、区域内政府部门间协同服务及跨区域政府部门间协同服务的政务服务拓展理念[50]。

四、评析与启示

上述有关国内外研究现状的分析，表明当前智慧政府建设中的政务服务研究已成为当前研究的一个热点；与此同时，其在城市中的应用和实践也不断涌现，既探讨了当前智慧城市建设中政务服务开展在理论、技术和应用上的可行性，又不断尝试进行政务服务架构、模型和技术部署等方面的研究。

但是，从整体发展角度讲，智慧城市建设中的政务服务研究处于分散状态，更多的则是理论概念和体系架构的讨论，而缺乏整体机制和技术模型的研究与实施经验，存在许多急需解决的关键问题。首先，政府作为城市建设的主导者，特别是在我国尤为明显，政务作为体现政府职能和决策能

力的主要指标，但其功能发挥、作用定位等问题尚未理清。其次，虽然已认识到政务的智慧化是未来发展的必然趋势，但是政务"智慧"的真正体现尚不明确，在业务整合、服务集成和公众需求满足等方面存在问题，缺乏不同视角下的智慧政务服务优化研究。最后，电子政务向移动政务和智慧政务的发展，从架构、模型到技术实施的衔接不佳，智慧政务建设的平滑过渡及一体化实施效果不理想；特别是智慧政务推进中的云服务问题，云计算在政务服务中的作用虽已明确，但其实施方式和策略尚需继续优化，如面向不同服务终端、服务对象和服务级别的业务整合、服务集成与分级实施等。

我国电子政务发展经历了部门型、整合型与平和型三个阶段，在新一代信息技术的推动下，其职能方式和服务手段得到拓展与优化。其中移动政务将电子政务和移动通信技术无缝地衔接在一起，为电子政务的推广和应用开辟了新的途径。近年来，"电子政务的开放式改革"已成为当前讨论和研究的一个热点问题，具体涉及电子政务的开放式改革策略、电子政务与政府管理创新、基于云计算的下一代电子政务（政务云）等主题。基于此，对电子政务服务提出了更高的要求，如政务信息资源整合与共享、服务灵活性和扩展性的提高、改善以及提升创新服务效率、提高设备资源利用率、整合平台的安全性要求等。因此，云计算技术在资源整合与共享、服务灵活性与扩展性、设备资源优化利用以及服务安全等方面的优势日益凸显并得到重视。目前，云计算产业在国内已初具规模，成功案例逐渐丰富，智慧政务的云建设和云应用也将逐步完善与推广。

参考文献

[1]　Mulligan C E A，Olsson M. Architectural implications of smart city business models：An evolutionary perspective[J]. IEEE Communications Magazine，2013，51（6）：80-85.

[2]　Chu P Y，Sun Y Y. A prospective survey on future e-governance research directions[C]. Proceedings of the 13th European Conference on Egovernment，Como，2013：127-134.

[3]　Pardhasaradhi Y，Paul S D. The state of e-governance in India：A cross-country study[C]. 9th International Conference on Public Administration，Cape Town，2013：181-188.

[4]　Garcia-Sanchez I M，Rodriguez-Dominguez L，Frias-Aceituno J V. Evolutions in e-governance：Evidence from Spanish local governments[J]. Environmental Policy and Governance，2013，23（5）：323-340.

[5]　Yin C T，Xiong Z，Chen H，et al. A literature survey on smart cities [J]. Science China-Information Sciences，2015，58（10）：100-102.

[6]　Okewu E，Okewu J. E-government，e-governance and e-administration：A typology of corruption management using ICTs[C]. Proceedings of the 15th European Conference on Egovernment，Portsmouth，2015：203-212.

[7]　Gupta A，Bansal R. E-governance：A step ahead[C]. 3rd International Conference on Advanced Computing and Communication Technologies（ACCT），Rohtak，2013：359-362.

[8]　Gil-Garcia J R，Sayogo D S. Government inter-organizational information sharing initiatives：Understanding the main determinants of success[J]. Government Information Quarterly，2016，3（33）：572-582.

[9]　Anjaneyulu A N K P，Raj A S. Improving the delivery of public services through new e-governance models[C]. Proceedings of 2013 International Conference on Public Administration（9th），Cape Town，2013：358-361.

[10]　Myeong S，Kwon Y，Seo H. Sustainable e-governance：The relationship among trust，digital divide，and e-governmen[J].Sustainability，2014，6（9）：6049-6069.

[11]　Delport P M J，Von Solms R，Gerber M. Towards corporate governance of ICT in local government[C]. Ist-africa Week Conference，Durban，2016：1-11.

[12]　Piro G，Cianci I，Grieco L A，et al. Information centric services in smart cities[J]. Journal of Systems and Software，2014，88：169-188.

[13]　Kalsi N S，Kiran R. A strategic framework for good governance through e-governance optimization[J]. Program-Electronic Library and Information Systems，2015，49（2）：170-204.

[14]　Almiani M，Al Dmour A，Razaque A. An interactive framework to deliver mobile government services [C]. 3rd IEEE Jordan Conference on Applied Electrical Engineering and Computing Technologies（AEECT），2015，40（22）：7040-7047.

[15]　Chen Z J，Vogel D，Wang Z H. How to satisfy citizens? Using mobile government to reengineer fair government processes[J]. Decision Support Systems，2016，82：47-57.

[16] Shareef M A，Dwivedi Y K，Stamati T，et al. SQ mGov：A comprehensive service-quality paradigm for mobile government[J]. Information Systems Management，2014，31（2）：126-142.

[17] Faisal M N，Talib F. E-government to m-government：a study in a developing economy [J]. International Journal of Mobile Communications，2016，14（6）：568-592.

[18] Aubakirov M，Nikulchev E. Development of system architecture for e-government cloud platforms[J]. International Journal of Advanced Computer Science and Applications，2016，7（2）：253-258.

[19] Shareef S. The adoption of cloud Computing for e-government initiative in regional governments in developing countries[C]. Proceedings of the 13th European Conference on Egovernment，Como，2013：453-461.

[20] Mohammed F，Ibrahim O. Drivers of cloud computing adoption for e-government services implementation[J].International Journal of Distributed Systems and Technologies，2015，6（1）：1-14.

[21] Mohammed F，Ibrahim O. Models of adopting cloud computing in the e-government context：A review[J]. Jurnal Teknologi（Sciences & Engineering），2015，73（2）：51-59.

[22] Mreea M A. Benefits of cloud computing for e-governance[C]. Innovation Vision 2020：from Regional Development Sustainability to Global Economic Growth，Amsterdam，2015：2521-2526.

[23] Khalil S，Fernandez V，Fautrero V. Cloud impact on IT governance[C]. IEEE 18th International Conference on Business Informatics（CBI），Paris，2016，1：255-261.

[24] Daradkeh Y I，Aldhaifallah M，Namiot D. Mobile clouds for smart cities [J]. International Journal of Online Engineering，2017，（13）：76-86.

[25] Suciu G，Vulpe A. Smart cities built on resilient cloud computing and secure internet of thing[C]. 19th International Conference on Control Systems and Computer Science（CSCS 2013），Bucharest，2013：513-51.

[26] Liang J，Jin H H. Integrating local e-governments of China to provide better public services based on cloud computing[C]. Proceedings of 2nd Conference on Logistics，Informatics and Service Science（LISS 2012），Beijing，2013：893-898.

[27] Dermentzi E，Tambouris E，Tarabanis K. Cloud computing in e-government：Proposing a conceptual stage model[J]. International Journal of Electronic Government Research，2016，12（1）：50-68.

[28] 刘华. 智慧城市信息服务体系建设思考[J]. 科技展望，2017，（2）：4-5.

[29] Zhu X N，Wang L H. Comparative study on Chinese smart city models[C]. Proceedings of 2013 International Conference on Public Administration（9th），Cape Town，2013：287-292.

[30] 徐晓林，朱国伟. 智慧政务：信息社会电子治理的生活化路径[J]. 自然辩证法通讯，2012，（5）：95-100，128.

[31] 曹凯. "互联网+政务"以大数据为核心的智慧政务[J]. 计算机与网络，2015，12：5.

[32] 于施洋，杨道玲，王璟璇，等. 基于大数据的智慧政府门户：从理念到实践[J]. 电子政务，2013，（5）：65-74.

[33] 赵玎，陈贵梧. 从电子政务到智慧政务：范式转变、关键问题及政府应对策略[J]. 情报杂志，2013，（1）：204-207，197.

[34] 赵银红. 智慧政务：大数据时代电子政务发展的新方向[J]. 办公自动化，2014，22：51-54，14.

[35] 张勇进. 智慧政务与政府治理转型[J]. 传媒，2015，（5）：21-24.

[36] 戴伟. 论移动政务背景下政府公共服务能力提升[J]. 电子技术与软件工程，2013，（3）：58-60.

[37] 于冠一，陈卫东，王倩. 电子政务演化模式与智慧政务结构分析[J]. 中国行政管理，2016，（2）：22-26.

[38] 杨杨. 政府流程再造视角下的服务型政府建设——以政务服务方式转变为例[J]. 中国商论，2016，（8）：183-186.

[39] 丁婵，徐翔，杨路. 面向公共服务的移动政务标准化体系设计[J]. 中国标准化，2016，（1）：99-102.

[40] Liu Y，Li H，Goncalves J，et al. An empirical investigation of mobile government adoption in rural China：A case study in Zhejiang province[J]. Government Information Quarterly，2014，31（3）：432-442.

[41] Wang C L. Antecedents and consequences of perceived value in mobile government continuance use：An empirical research in China[J].Computers in Human Behavior，2014，34：140-147.

[42] 朱多刚，郭俊华. 基于 UTAUT 模型的移动政务采纳模型与实证分析[J]. 情报科学，2016，（9）：110-114.

[43] 冯庆. 建设全区统一电子政务数据中心[N]. 深圳特区报，2013-12-30（A05）.

[44] 汪玉凯. 电子政务需要政务云——2012 年中国电子政务展望[J]. 信息化建设，2012，（1）：6-8.

[45] 韩祎伟. 电子政务云在社区信息化管理中的应用研究[D]. 上海：上海交通大学，2013.

[46] 赵志超. 电子政务大数据系统应用云计算架构[J]. 计算机与网络，2014，（14）：62-65.

[47] 周冰，张志刚. 智慧城市电子政务云平台构建[J]. 软件导刊，2016，（11）：137-139.

[48] 牛力. 政务信息资源"云服务"整合模式研究[J]. 情报杂志，2013，（1）：160-163，149.

[49] 刘军霞，王磊，周喜. 面向海量数据的电子政务云平台研究[J]. 计算机与现代化，2013，（7）：164-168.

[50] 朱继团，杨琳，曾蔚. 云计算视野中的电子政务协同服务模式[J]. 电子政务，2013，（3）：117-121.

Research and Application Advance of Intelligent Governance

Abstract：Governments oriented to service and intelligence are making progress in recent years. These are the main factors that drive the advance of research on intelligent governance in domestic and overseas governments. Based on the documents analysis from database，the relevant research literature was discussed and summarized comprehensively. Research on intelligent governance is focused on the position and construction of governance service in the development of intelligent government，the architecture and implementation of mobile governance，the application of cloud computing in intelligent governance，et al. Overall，there are some achievements in business，type and application of intelligent governance，but are also many problems that need to be paid more attention；for example，the service optimization of intelligent governance from the perspective of stakeholders，business integration，service integration and grading implementation oriented to different service terminals，different service objects and different service levels，as well as the unsatisfactory effect of the smooth transition and integrated implementation in the construction of intelligent governance.

Key Words：Intelligent Governance　　Government Service　　Research and Application Advance

移动政务的兴起、现状及未来

王　锐　郑跃平　赵金旭

（中山大学政治与公共事务管理学院　广东广州　510000）

摘要： 移动互联网的快速发展带来了移动政务的兴起，本文梳理了移动政务的概念，认为移动政务在整体理念、技术及平台支撑、服务内容和方式、公共参与方面区别于基于 PC 端的传统电子政务模式。同时，从政务客户端和第三方平台两个维度探讨了移动政务当前发展现状及存在问题。伴随着移动互联网技术的发展，移动政务将进一步发展和渗透，并且两种平台需要实现优势互补和有机融合。在这个过程中，政府需要注重移动政务发展的制度保障，加强对各项配套机制的构建，在服务创新机制的驱动下实现一站式的移动政务服务供给。

关键词： 移动政务　移动互联网　电子政务

中图分类号： C912.81　　　**文献标识码：** A　　　**文章编号：** 978-7-03（2017）04-0038-09

一、引言

信息技术改变了人们的生产和生活方式，网络平台的普及也提高了个体的社会地位和参与程度[1-3]。互联网给人们生活带来巨大便利的同时，也带来了政务服务及政民互动的便捷化[4-8]。尤其是近年来，移动互联网快速发展，微博、微信、客户端等正在成为公众获取信息和服务的重要平台。这不仅改变了商业领域的服务供给方式，也促使政府通过移动端来改善公共服务供给以及公民参与[3, 9]，这带来移动政务的快速兴起[10-13]。然而，当前移动政务的发展还处在初级阶段，存在多方面的问题，如政府自建的政务客户端缺乏统一规划、运行状况较差，基于第三方平台（如支付宝）的政务服务仍以信息提供以及交易为主等。未来需要通过多种措施进一步促进移动政务发展，如提升移动政务平台的便捷性和使用性，加强与第三方平台（如支付宝和微信等）合作，合理规划构建一站式移动政务服务平台等。

二、移动政务的兴起

（一）移动互联网的迅速发展

以信息技术为核心的科技革命带来了社会的全面进步，移动互联网的快速发展实现了对已有技术、服务、管理、市场等的突破，使服务加速向移动化、智慧化、多样化、个性化的方向转变，吸引了海量用户。根据中国互联网络信息中心（CNNIC）第 38 次《中国互联网络发展状况统计报告》，截至 2016 年 6 月，我国手机网民规模达 6.56 亿人，网民中使用手机上网的人群占比由 2015 年底的 90.1%提升至 92.5%，仅通过手机上网的网民占比达到 24.5%，网民上网设备逐步向移动端集中。同

作者简介： 王　锐　中山大学政治与公共事务管理学院博士研究生，研究方向包括电子参与、大数据与公共治理等；

郑跃平　中山大学政治与公共事务管理学院讲师，研究方向包括数字治理、电子参与、大数据与公共治理等；

赵金旭　中山大学政治与公共事务管理学院博士研究生，研究方向包括数字治理、信息产业政策等。

时，基于移动端的服务进一步多样化和全面化。以即时通信、搜索引擎、网络新闻为基础的移动互联网应用，其用户规模保持稳健增长，使用率均在80%以上。除此之外，其他应用的用户规模也均呈上升趋势，以网络外卖、互联网理财和网络购物为例，半年增长率分别为31.8%、12.3%和8.3%，在线教育、网上预约出租车、在线政务服务用户规模均突破1亿人[14]。

随着宽带无线接入和移动终端技术的快速发展，公众对随时随地方便获取信息和服务的需求不断上升，移动互联网应运而生并迅猛发展。各个行业逐步以移动互联网的兴起为契机，实现自身运作模式和服务理念的转型升级。目前，移动互联网广泛渗透于交易、服务、信息共享等多个领域[15]。与传统PC端的互联网相比，移动互联网有明显的优势，用户可以在任何时间、任何地点，利用碎片化的时间接入互联网并享受信息和服务[16,17]，成本明显降低，便捷性明显提高。移动互联网基于公众对智能手机的广泛应用实现了业务的全面覆盖，向着垂直精细化的方向不断深入，根据用户需求的不同场景拆分出更为细致的服务[18]，并根据用户的不同属性进行个性化的服务提供[19]，从而进一步提升用户体验。

（二）公众需求的结构性变化

移动互联网及相关服务的不断发展，不仅改善了公众获取服务的便捷性及相关体验，也在重新塑造着公众对于服务的期待以及与政府、企业等不同主体之间关系的理解，这带来了公众需求的结构性变化。

主体地位的变化。传统的基于PC端的电子政务服务和线下的政务服务更强调服务供给方（如政府、企业等）的主体地位。服务的内容和方式多基于供给方对市场和用户需求的理解，以及自身所具有的供给能力[20]。传统的电子政务以及商业领域的门户网站多为这种模式，然而这种以"供给方为主体"的理念诟病较多，服务质量差，公众的使用率比较低[21]。移动互联网的快速发展更强调用户的主体地位，要求信息和服务供给"以用户需求为中心"[22]，将服务的内容和方式依照用户的需求进行重构，提升服务的便捷性和质量。

需求个性化。工业社会的商品和服务供给需要通过大规模的标准化生产才能降低成本，对市场变动及差异化的用户需求没能很好地回应。基于PC端的传统电子政务和电子商务由于无法准确识别海量用户的个体差异，也没能很好地满足用户的个性化需求。而在移动互联网"以用户需求为中心"的时代，这种需求进一步"释放"[23]。移动互联网用户的个体差异带来了服务需求的异质性，要求服务的供给方基于用户年龄、性别、偏好等的不同提供更为个性化的服务。在相关技术的支持下，供给方可以根据长期跟踪和分析用户的互联网浏览与使用记录，识别个体的行为特征和需求方式，并以此向其推送相关信息和服务。个性化需求的增强打破了传统被动的服务诉求，使得在以人为本的理念下公众需求的精准定位更为重要。毋庸置疑，传统供给模式已经向着智能化的模式转变，从技术上实现了个性化定制的服务，并可通过数据追踪、行为分析、未来预测等方式，在满足基本需求的同时，挖掘并调动公众的隐性需求。

需求多样化。经济增长带来了更为活跃的社会生活，随之形成的消费环境也发生了巨大变化：一方面，物质的充裕为社会生产提供了源源不断的原材料；另一方面，创新意识的兴起激发了新型产品的制造，使得公众消费领域变得更为广阔和多元化。产品服务和需求之间形成良性互动，彼此促进。多样化的产品和服务带来了多样化的需求，反之亦然。这在移动互联网领域显得尤为明显，用户的差异化和个性化需求为整个社会与服务供给带来了多样化的需求，而在移动互联网技术的支撑下，服务和产品也变得多样[24]。传统互联网时代供需双方的信息不对称问题在移动互联网时代得到了明显改善，激发了公众多样化的需求，而这种多样化不仅体现在服务的内容上，也体现在服务的层次上。

（三）移动政务的持续渗透

在过去几十年间，政府部门致力于使用先进的信息技术来改善治理能力和服务水平。同时，政府数字化服务供给也受到外部环境的影响。受到公共需求变化的影响，政府会主动调整服务的内容和方式，以此来为公众提供更为便捷和高质量的服务[3]。移动互联网带来了公众需求的结构性变化，促进政府以公众个性化需求为导向，对不同群体、不同层次的公众提供差异化的服务，来更好地契合不同用户的特定需求。在服务方式上，政府在相关政策引导下，充分利用已有信息技术和社会资源，以实现公共服务的数字化；在服务过程上，各级政府更加注重各类行政程序的公开透明，通过构建一站式窗口服务、简化审批流程来提高公共服务效率，提升公众的满意度和政府形象[22]；在公众参与方面，政府改变已有的单向、单一的管理模式，鼓励公众积极参与政府事务的讨论，政府部门利用成熟的技术和手段，通过完善的机制和平台，充分听取公众意见，主动接受公众监督，实现更高层次的公众参与[25, 26]。所有的这些带来了移动政务的兴起和发展。

三、移动政务的概念及优势

（一）移动政务的概念

随着电子政务建设和信息化的不断推进，移动政务（mobile government）成为政府提供公共服务的新途径。Arazyan 将移动政务定义为"在电子政务中涉及利用各种无线的策略，实现与信息通信技术（ICT）、服务、应用和设备结合，以改善相关各方的利益"[27]。Antovski 和 Gusev 称信息政务为"电子政务在移动平台的扩展"以及"使用移动技术（移动电话和无线互联网基础设施等）来战略性地提供政府服务"[28]。归纳来看，移动政务体现在：首先，移动政务为公众、企业和政府通过无线网络提供个性化的政务服务；其次，拥有多渠道的移动政务克服了传统电子政务的一些局限性，提升移动性和可用性；最后，移动政务"有线-无线"的融合网络使公众可以随时随地获得政务服务[29]。

在移动政务的价值方面，Ishmatova 和 Obi[30]关注移动政务的附加价值和使用价值，尤其是从用户视角探讨其带来的价值。Östberg 将移动政务看作"在政府内部使用移动和无线通信技术提升管理水平，并向公众和企业提供服务和信息"[31]。这推动了政府通过相关技术有效降低成本、提高工作效率和效用，更为重要的是，提高了服务过程的公众满意度。

移动政务的特点主要体现在以下几个方面：①基于移动端提供公共服务。传统的电子政务（简称电子政务）主要基于 PC 端的传统互联网；而移动电子政务（简称移动政务）更多地基于移动互联网、电信、地理信息系统（GIS）等多项技术融合，依赖智能手机、平板电脑等移动终端[32]。②随时随地服务。移动政务可以随时随地实现政府与公众互动，充分利用碎片化时间，满足公众公共服务需求[33]。③公众参与双向互动。移动政务促使公众参与形式多样化，公众参与积极性提高，政民互动更为便捷。④以公众为中心。移动政务在与用户互动过程中产生大量数据。基于这些海量数据的分析，公共部门可以更准确地识别公众需求并进行相关预测，从而提供具有针对性的公共服务，服务模式从以政府供给为中心转向以公众需求为中心。⑤线上线下互动。除了线上的信息和服务供给，在移动互联网的支持下，移动政务能够有效实现线上与线下融合，从而帮助政府改善线下政务服务水平。同时，网约车等新型商业模式的成功推广也为政务服务领域的线上线下融合带来了新的思考和启发。⑥公共服务价值重塑。高效、透明、负责的互联网价值在移动政务中得到进一步体现[34]，移动端的高集成性，迫使移动政务更加注重公众需求，注重便捷、高效、透明、参与、负责的价值。

移动政务可以概括为基于移动端和移动互联网相关技术的电子政务服务供给及政民互动。虽然移动政务也属于广义上的电子政务，但是在移动互联网相关技术的支持下，移动政务可以帮助公众随时随地地获取政务服务，通过线上线下的融合满足公众个性化公共服务需求。移动政务促进了公共服务资源利用效率的提高，也促进以公众为中心的便捷、高效、透明、参与、负责等公共服务价值的实现。

（二）移动政务与电子政务的区别

1. 整体理念

如表 1 所示，在整体理念上，移动政务更加突出在政务服务供给过程中公众需求的主导地位，强调"公众需求导向"。在服务内容上，移动政务的信息和服务结合不同用户的需求与特点，有针对性地提供服务来最大限度地满足用户需求。移动政务注重碎片化时间的利用，强调信息和服务供给的便捷性。以 PC 端为主的传统电子政务，尽管功能强大、内容丰富，但所提供的信息和服务没有很好匹配用户需求，加上操作烦琐复杂，公众使用的效果并不佳。移动政务强调的是便捷性以及碎片化时间的利用，因此服务和信息更加集约与集成，信息压缩在一两个屏幕内，并倾向于用图片、视频、音频等多媒体传播渠道，服务流程也相对简单，因此公众接受度更高。

表 1 传统电子政务与移动政务的主要区别

类型	平台支撑	整体理念	时间空间	服务内容	服务方式	公民参与
传统电子政务	PC 端/传统互联网	政府供给	受限	全面	被动	弱
移动政务	移动端/移动互联网	公众需求	不受限	信息及"轻"服务	主动	强

2. 技术及平台支撑

传统的电子政务在政务信息化、提高政府办公效率的过程中发挥着重要过程，但由于主要基于 PC 端的有线网络通信方式和操作模式，政府人员需要在相应场所内才能进行政务处理和信息接收，办理证件或获取政务服务的公众同样固定在有线网络终端或一些局域网。这种空间上的局限性在一定程度上影响了政务服务的效率和便捷度。

移动政务更强调快速便捷的移动互联网，是移动互联网技术在政务方面的应用。通过手机、掌上电脑（PDA）、无线网络等设备和相关的应用程序，政府人员和公众摆脱了对固定场所及固定网络环境的依赖[35]。"移动性"技术模式的应用对提高政务服务的便捷性和灵活性具有积极意义。尽管电子政务早已开始强调要让公众随时随地（anytime and anywhere）来获取政务服务，但事实上进入移动互联网时代后这一目标才有真正意义上实现的可能性。

3. 服务内容和方式

电子政务是信息时代传统行政服务向互联网的延伸，通过对政府门户网站等相关平台的应用，结合政务服务系统和业务应用系统，向全社会提供信息和服务。服务内容主要包括政府信息公开、政务通知发布、政府协同办公、行政资源共享、网上行政审批、公众意见受理等，体现在线下服务到线上服务的转变[36]。PC 端的政务服务内容丰富，但随着越来越多的线下服务转移到线上，政府网站上信息服务内容过于冗杂，加上服务获取流程较为烦琐，导致使用性大打折扣，公众使用率低[37]。同时，政府网站的设计和信息服务供给没能充分考虑用户之间的差异性，无法有效实现服务的个性化定制，这也是公众使用状况差的一个重要原因。

移动政务受到自身平台的制约，其信息和服务的提供需要在有限尺寸的屏幕上与简便的流程中实现。因此，基于移动平台的政务服务强调简单便捷，以公众需要的可以快速了解的信息以及流程简单的"轻"服务为主。通过直观的交互界面和便捷的操作流程，服务方式更加人性化。在服务内容上，除了提供基本服务，还针对不同用户（年龄、性别、户籍差异等）的需求提供了一些个性化的服务。

4. 公众参与

公众参与不仅是电子政务的重要组成部分，也是电子政务的发展目标。政府通过门户网站等平台，引导公众参与政府工作，更快、更便捷地了解政府发布的消息，政府在决策中更好地考虑民意诉求，进一步消除政府部门和公众之间的信息不对称[38]。广义上的公民参与不仅包括公众针对公共政策给予反馈建议、联系政府相关部门等，也包括公众对于政务信息的浏览、转发、点评等[39]。

基于 PC 端的传统电子政务没能提供积极有效的方式让公众多层次地参与进来。公众参与程度不高，行政信息的传播方式多停留在单向传播层面，信息传播者和接收者的角色在政府与公众间相对固化。相反，移动政务利用相关移动端平台将政务信息主动推送给公众，利用碎片化时间来帮助公众实时了解政府运作，多层次全方面地参与进来。

（三）移动政务的优势

基于上述移动政务与传统电子政务的对比，可以归纳出移动政务具有的优势主要包括以下几个方面。

第一，相对于基于 PC 端的传统电子政务而言，移动政务不受时空限制，真正意义上实现了随时随地获取政务服务，这对于提升政务服务的渗透性和便捷度有重要的促进作用。第二，由于移动政务特殊的平台属性和技术支撑，信息和服务的提供必须集成与简便，否则很难在这一平台和技术条件下实现。这就促使相关部门对服务进行整合和简化，使得政务服务的使用性和便捷性得到提升。第三，在相关智能手机应用的支持下，用户的需求和偏好可以有效识别，从而帮助移动政务实现个性化定制，满足用户的多样性及个性化需求。第四，相对于传统电子政务的"弱"参与而言，移动政务是一种"强"参与的模式。这种参与依靠其多样的参与方式及便捷性，极大地提升了公众参与的广泛性。第五，移动政务从整体理念来讲，从传统电子政务的"供给导向"转为了"需求导向"，代表了更高层次的政务服务理念，是未来数字政务服务发展的方向。

四、移动政务发展的现状及问题

移动政务是政府部门基于移动端平台和移动互联网技术支撑来提供便捷的政务服务并促进公民参与。因此，移动政务可分为两个维度：一是政府依靠自身建设的政务客户端来提供政务服务；二是政府与第三方平台（如支付宝、微信等）合作来提供相关服务。本文将从这两个维度，结合相关研究报告和数据来探讨移动政务发展的现状及存在问题。

（一）基于政务客户端的移动政务

中山大学政务 APP 调查组 2015 年底对全国大中城市政务 APP 进行了统计，通过 360 手机助手、豌豆荚等 7 大 APP 下载平台及一些政务 APP 官方下载页面来整理政务 APP 方面的一些数据。调查结果显示，在被调查的 70 个大中城市中，除丹东以外的 69 个城市都在不同程度地通过政务 APP 向公众提供信息和服务，共计 316 个，分布在交通、社保、民政、旅游、公共安全等多个领域[18]。

在政务客户端快速发展的同时，也存在许多问题。第一，政务客户端在类型和城市分布上不平衡。交通、社保、民政等明显高于其他类别：交通类政务客户端有 73 个，占比 23.1%，而工商服务、文化体育、新闻资讯等政务客户端的总和占比不足 10%。不同城市间的政务客户端数量也存在巨大差异，成都、深圳、广州等城市都超过了 15 个政务客户端，然而有多个城市不足 3 个。第二，政务客户端的系统更新和运营状况较差，超过 4 成的政务客户端在半年内没有更新过，持续运营状况较好的政务客户端比例较低。第三，公众使用状况差。可获得下载量信息的 261 个政务客户端总下载量为 2476.9 万次，远不及一些商业领域的客户端使用状况。一些工商服务类和文化体育类的政务客户端平均下载量甚至不足 1000 次。第四，公众的使用满意度较低。在全部的政务客户端里，仅有 17.61% 的客户端用户评分优秀，近 3 成的政务客户端评分不及格，体现出公众对于政务客户端的整体满意度是偏低的[40]。

（二）基于第三方平台的移动政务

在通过政务客户端来直接提供政府服务的同时，许多政府也在和第三方平台合作来提供政务服务。以支付宝、微信、微博等为代表的第三方平台在过去几年的快速发展中逐渐成熟，渗透度也较高，为与政府合作提供政务服务创造了条件。以支付宝为例，支付宝当前拥有超过 4.5 亿的市民用户，建立了良好的"生态系统"，用户黏性较高，且有很强的风控能力。中山大学与支付宝在 2016 年 6 月联合发布的报告显示，全国 347 个城市在不同程度地通过支付宝平台提供 7 大类 56 种政务服务，包括社保、交通、警务、民政、税务等[18]。

但基于第三方平台的移动政务也存在一些问题。例如，不同区域间存在明显的差异和不平衡性，东部沿海地区明显优于中西部地区，一、二、三线城市之间也存在明显差异。同时，当前的服务虽然种类多、覆盖面广，但主要是信息查询以及交易支付服务，服务的深度远远不够。此外，政务服务很多涉及公众的隐私数据，如何在和第三方平台合作时有效保护公众的个人隐私和信息安全，这在隐私保护相关法律法规不健全的情况下是一个挑战。

五、移动政务的未来发展趋势

（一）在移动互联网技术的推动下进一步发展和渗透

信息技术与移动通信的融合，将线上线下各类资源进行有机整合，极大地改变了社会生产生活的方式。虽然当前移动政务的理论研究和实践探索仍处于起步阶段，但移动政务的兴起已经为政府治理模式带来了理念上的变革，并为未来发展提供了一个可依赖的技术保障。同时，移动政务的核心理念是以人为本和以需求为导向的政务服务供给，这需要政府增强开放共享的意识，提升识别公共需求的能力以及政民互动水平，运用相关技术实现效率的提高和职能的完善。和商业领域服务越来越多地转移到移动端一样，在移动互联网相关技术的推动下，移动政务在未来很长一段时间内将进一步发展和渗透。

（二）两种平台需要优势互补、有机融合

当前移动政务主要通过政务客户端及第三方平台两种方式来提供政务服务。两种平台各有优势，政务客户端的建设具有较强的灵活性，可以专门针对特定群体的需求来设计并提供服务，而基于第三方平台的政务服务则可以借助第三方完善的生态系统及巨大的流量迅速提升其渗透度。然而，两者也都存在自身的不足，如政务客户端当前的建设运营状况不好，使用性不高，公众的满意度差等；基于第三方平台的政务服务在相关法律法规不健全的情况下面临着难以监管、无法确保政府及公众数据安全等风险。未来如何将两种平台的优势实现互补和有机融合是需要进一步解决的问题。

（三）注重制度保障，构建各项配套机制

移动政务的长期发展需要完善的制度保障和配套机制。短期来看，需要充足的人力、物力和财力倾斜作为政府部门发展移动政务的重要保障，"项目制"的移动政务建设方式无法保障服务的持续性和稳定性。长期来看，移动政务未来的健康发展需要多项制度和配套机制的建立。当前关于移动政务乃至移动互联网使用的相关法律法规不够健全，需要进一步明晰服务过程中的信息服务供给、交易、授权等，并保障公众的隐私和个人信息及财产安全。这样才能为移动政务的良性发展提供依据和保障，减少服务获取和供给成本以及信息不对称。此外，相关的绩效管理机制也不可或缺，以此来促进移动政务的合理发展。

（四）一站式的移动政务服务将成为趋势

移动政务平台的特殊性决定了它很难承担需要大量信息输入及流程烦琐的政务服务供给。因此，未来移动政务的发展将继续倒逼政务服务创新，多部门合作共享信息，从而实现流程简化，提升服务的便捷性。同时，割裂的服务平台将带来碎片化的服务供给。多个部门同时建设政务客户端将制约公众对便捷服务的获取。因此，未来一站式的移动政务服务将成为趋势，通过不同平台不同客户端的整合来提升服务的质量和供给效率。此外，移动政务也将和 PC 端的传统电子政务以及线下的政务服务互通互联，从而进一步改善政务服务提供水平。

六、结论

移动政务的兴起使其在整体理念、技术平台支撑、服务内容和方式、公众参与等多个方面区别于基于 PC 端的传统电子政务。虽然当前的移动政务发展存在多种问题和不足，但其在移动互联网相关技术的推动下不断发展和渗透，并通过与第三方平台的有机融合为政府服务创新注入了新的活力。随着大数据时代的到来，海量信息和数据的整合帮助政府精准识别公共需求提升服务能力，也为移动政务的发展带来了新的契机。在此背景下，政府部门需要更主动地适应数据时代的技术和理念，整合移动政务的不同平台，处理移动政务、基于 PC 端的传统电子政务、线下政务服务之间的关系，通过完善相关制度保障以及配套机制，进一步提升政务服务水平。

参考文献

[1]　Molly M W. Why should I share?Examining social capital and knowledge contribution in electronic networks of practice[J] MIS Quarterly，2005，（3）：35-57

[2]　Dimaggio P，Hargittai E，Neuman W R，et al. Social implications of the internet [J]. Annual Review of Sociology，2001，（27）：307-336.

[3]　Luo G H. E-government，people and social change：A case study in China[J]. The Electronic Journal on Information Systems in Developing Countries，2009，（38）：1-23.

[4]　Al-Mashari M. A benchmarking study of experiences with electronic-government[J]. Benchmarking：An International Journal，2007，（2）：172-185.

[5]　Evans D，Yen D C. E-government：Evolving relationship of citizens and government，domestic，and international development[J]. Government Information Quarterly，2006，23（2）：207-235.

[6]　Gil-Garcia J R，Martinez-Moyano I J. Understanding the evolution of e-government：The influence of systems of rules on public sector dynamics[J]. Government Information Quarterly，2007，26（1）：266-290.

[7]　Reddic C G. Information resources managers and e-government effectiveness：A survey of Texas state agencies[J]. Government Information Quarterly，2006，23：249-266

[8]　Shareef M A，Kumar V，Dwivedi Y K. Indentifying critical factors for adoption of e-government[J]. Electronic Government：An International Journal，2009，6（1）：70-96.

[9]　Brtot J C，Jaeger P T，Grimes J M. Using ICTs to creat a culture of transparency：E-government and social media as openness and anti-corruption tools for societies[J]. Government Information Quarterly，2010，29（1）：30-40.

[10]　Zamzami I，Mahmud M. Mobile interface for m-government services：A framework for information quality evolution[J]. International Journal of Science & Engineering Research，2012，3（8）：1-5.

[11]　Zo H J. M-government：Opportunities and challenges to deliver mobile government service in developing countries[C]. 2009 Fourth International Conference on Computer Science and Convergence Information Technology，Seoul，2009：1445-1450.

[12]　Hussain M，Imran A. M-government service and adoption：Current research and future direction[R]. International Federation for Information Processing，2014，429：311-323.

[13]　Lee S M，Tan X，Trimi S. M-government，form rhetoric to reality：Learning form leading countries[J]. Electronic Government，2006，3（2）：84-88.

[14]　中国互联网络信息中心. 第 38 次中国互联网络发展状况统计报告[R/OL]. [2016-08-03]. http：//www.cnnic.net.cn/hlwfzyj/hlwxzbg/hlwtjbg/201608/t20160803_54392.htm.

[15]　Giorgos K，Stefani A，Xenos M，et al. A survey on the business goals，the investment on technology and the return of investment on Greek E-commerces systems[R]. EURO 20th European Conference on Operation Research，2014.

[16]　Ntaliani M，Costopoulou C，Karetsos S. Mobile government：A challenge for agriculture[J]. Government Information Quarterly，2008，25（4）：699-716.

[17]　Bhatti T. Exploring factors influencing the adoption of mobile commerce[J]. Journal of Internet Banking and Commerce，2007，12（3）：1-13.

[18] 郑跃平，黄博涵. "互联网+政务"报告（2016）——移动政务的现状与未来[J]. 电子政务，2016，（9）：16-31.

[19] Dixon B E. Towards E-government 2.0: An assessment of where E-government 2.0 is and where it is headed [J]. Public Administration & Management，2010，15（2）：418-454.

[20] Reddic C G，Norris D F. Social media adoption at the American gross roots: Web 2.0 or 1.5?[J]. Government Information Quarterly，2013，30（4）：498-507.

[21] Anthopoulos L，Reddick C G，Giannakidou I，et al. Why e-government projects fail? an Analysis of the healthcare. gov website[J]. Government Information Quarterly，2016，（33）：161-173.

[22] West D M. E-government and the transformation of service delivery and citizen attitudes[J].Public Administration Review，2004，64（1）：15-27.

[23] Trimi S，Hong S. Emerging trends in M-government[J]. Communication of the ACM，2008，51（5）：53-58.

[24] Sprec M H. Racing to E-government: Using the internet for citizen service deliverly[J]. Government Finance Review，2000，16（5）：21-22.

[25] Bohman J. Expanding dialogue: The internet，the public sphere and prospects for transparency democracy[J]. The Sociological Review，2004，52（1）：131-155.

[26] Dahlgren P. The Political Web，Media，Participation and Alternative Democracy[M]. New York: Palgrave McMilla，2013.

[27] Arazyan H. M-government: definition and perspectives. http: //www.m-government.ru/2007/Upload/Content/Documents/Drozhzhinov/M-government/mGov_Interview_2.pdf[2007-10-15].

[28] Antovsyki L，Gusev M. New mobile payments model[C]. Paper presented at the Proceedings of the International Conference on Advances in Infrastructure for Electronic Business，Education，Science，Medicine，and Mobile Technologies on the Internet（SSGRR 2003），L'Aquila，2003.

[29] Young K. Challenge to the mobile government[J]. Scarman & After，1984，（20）：220-229.

[30] Ishmatova D，Obi T.M-government services: User needs and value[J].I-Ways Journal of E-Government Policy and Regulation，2009，（32）：39-46.

[31] Östberg O. 'A Swedish View on 'Mobile Government''，International Symposium on E & M-Government，Seoul，Korea. http: //www.statskontoret.se/upload/Publikat ioner/2003/2003128.pdf[2003-06-19].

[32] Jeong K，Kim H. After the introduction of government portal service: Evolution into the M-government initiatives[C]. Preceding of the ICA 37th Conference，Tallinn，2003.

[33] Moon M J，Bush G. From E-government to M-government? Emerging practices in the use of mobile technology by state governments[J]. E-Government Series，2004，（11）：7-20.

[34] Rossel P，Finger M，Misuraca G. "Mobile" E-governemnt options: Between technology-driven and user-centric[J]. The Electronic Journal of E-Government Volume，2006，4（2）：79-86.

[35] Kumar M，Sinha O P. M-government mobile technology for E-government[EB/OL]. https: //doi.org/10.1504/EG.2008.016124[2008-05-14].

[36] Chadwick A. Web 2.0: New challenges for the study of E-democracy in an era of informational exuberance [J]. The Information Society，2009，5（1）：9-41.

[37] Goldfinch S. Pessimism，computer failure，and information systems development in the public sectors[J]. Public Administration Review，2007，67（5）：917-929.

[38] Coleman S，Biumer J. The Internet and Democracy Citizenship: Theory，Practice and Policy[M]. Cambridge: Cambridge University Press，2009.

[39] Bekker V，Moody R.Visual culture and electronic government: Exploring a new generation of E-government electronic government[J]. Lecture Note on in Computer Science，2009，5693：257-269.

[40] 郑跃平，王锐. "2015年政务APP调查报告"//张志安. 互联网与国家治理年度报告[R]. 北京：商务印书馆，2016.

Mobile Government in China: Rise，Current Situation，and Future Trends

Abstract: The rapid development of mobile Internet and related technologies brings the rise of mobile government. This paper presents the concept of mobile government and compares it with traditional e-government，finding that the mobile government is different from PC-based traditional e-government model in terms of several aspects，including underlying philosophy，technology and platform support，service content and way of interaction between government and citizens. The paper also discusses the current situation of mobile government and problems existed from two dimensions：government applications based and third-party application based mobile government services. To promote its further development，efforts need to be taken to set up the related regulations and mechanisms in the future to realize the one-stop mobile government services.

Key Words：Mobile Government　Mobile Internet　E-Government

电子检务顶层设计的发展目标与总体架构研究

金鸿浩

（中共中央党校党建教研部　北京　100091

最高人民检察院检察技术信息研究中心　北京　100144）

摘要： 顶层设计是电子检务实现跨越式发展的关键。本文对电子政务顶层设计文献进行了简要归纳，应用专家访谈法获取了来自最高人民检察院和高校业界专家对电子检务突出问题、建设目标、发展方向等顶层设计领域的意见建议，总结提出了电子检务工程发展目标，在 2020 年前实现"一体两翼"的电子检务总体架构要求，完善业务架构、保障架构和管理架构，具体细分为业务层、应用支撑层、数据层、网络层、安全层、运维层、战略层、标准层等八个工作域子目标。

关键词： 电子检务　顶层设计　总体架构

中图分类号： C912.81　　**文献标识码：** A　　**文章编号：** 978-7-03（2017）04-0047-10

一、引言

电子政务顶层设计是电子政务宏观管理的一种实现手段。早在 2005 年，国务院信息化工作办公室就提出了下一阶段电子政务的首要任务是"抓好电子政务的顶层设计"[1]。2016 年，国务院印发的《"十三五"国家信息化规划》（国发[2016]73 号）中进一步提出加快"建立国家电子政务统筹协调机制，完善电子政务顶层设计和整体规划"要求。

作为国家电子政务的重要组成部分，检察机关电子政务（简称"电子检务"）建设同样应当重视顶层设计，特别是目前电子检务建设与政府信息化建设存在一定差距，同时电子检务内部发展不均衡等问题日益突出，顶层设计已成为实现电子检务跨越式发展的关键。近年来，最高人民检察院明确指出，电子检务关系检察机关的长远发展，要认真做好顶层设计，根据实际需求对建设内容进行统筹规划，避免各自为政，防止信息孤岛，统一部署、整体推进。但目前针对电子检务顶层设计与战略规划的研究相对缺乏，需要相关理论研究予以支撑。

检察机关电子政务顶层设计研究，主要就是解决全国检察机关在现有形势下，信息化工作做什么与怎么做的战略问题。本文主要研究"做什么"问题，即明确电子检务"顶层设计"的发展目标与总体架构。

二、研究综述

顶层设计并没有十分严格的理论定义。最早来自于工程领域的实践经验。20 世纪 70 年代初，美国 IBM 公司研究员尼克劳斯·沃斯（Niklaus Wirth）与哈兰·米尔斯（Harlan Mills）共同提出"自顶向下设计"（top-down design）观点，顶层设计实质上是工程整体理念的具体化，要求工程达到理念

作者简介： 金鸿浩　中共中央党校党建教研部博士研究生，最高人民检察院检察技术信息中心（网信办）工程师，研究方向为网络舆情、电子政务、腐败预防。

一致、功能协调、结构统一、资源共享、要素有序的系统论方法，即从全局、整体的视角出发，对工程的各个层次、各个环节、各个要素进行系统规划和全面统筹[2, 3]。

在工程领域，顶层设计往往对应着"顶层需求"，顶层设计通过对顶层需求的转化、统筹、迭代、集成，其制定的各种原则要求在工程全过程中必须严格遵循，因此往往顶层设计的优劣直接影响工程的质量。之后，随着顶层设计理念迁移到社会领域，顶层设计作为最高层的规划部署，是自上而下，由总体到具体，逐层分解、逐步求精，最终实现组织战略意图，解决复杂问题的一种系统思想与方法。近年来，顶层设计广泛应用于各行业，并受到我国党和政府的高度重视。

现有研究认为，良好的顶层设计具有一些共性特征：①顶层设计主体的特定性，顶层设计的主体顾名思义是组织的顶层，在最高层次上寻求问题的解决之道，顶层决定底层，从而快速统筹资源、达到战略意图。因此顶层设计应当与一般高层战略、中层规划等相区别，顶层设计的概念使用不应当泛化。②顶层设计对象的系统性，顶层设计的对象不是简单的单一事物，而是较为复杂的工作任务。顶层设计需要贯穿工程全局与全过程，元素的缺漏将无法形成完整的系统，各任务层次的不明确将导致电子政务建设中的重复、交叉甚至冲突。③顶层设计内容的共识性，顶层设计凝结着公共理性的制度建构与利益整合，需要追求国家利益、社会福利、组织愿景的"最大公约数"，而不是最高层单方面的"顶层"输入[4]。④顶层设计过程的渐进性，顶层设计一般具有较强的前瞻性，但不能认为顶层设计是不可变更的，它存在一个调整、细化、规范化的动态过程；渐进的探索才能保证整体可控与风险最低。⑤顶层设计方案的实操性，顶层设计是规划与实践之间的"蓝图"，顶层设计一定要清晰，否则不能称为设计，同时这一设计应当是可以实施的，适应于当时的技术成熟度、整体管理水平、资源供给能力等。

系统工程学是顶层设计的重要思想渊源之一。硬系统工程方法论主要适用于实体系统工程建设以及具有明确目标的问题。对于一个已知问题，硬系统工程方法论通过明确描述当前状态 S0，定义未来理想状态 S1，从 S0 到 S1 的各种可能路径中找到最优方案。软系统工程方法论主要适用于无结构或初始难以明确定义的问题，切克兰德软系统思想（图 1）的基本思路是通过试误法，反复对现实世界与系统模型进行比较探寻，以不断优化改进模型并指导实践。其步骤包括认识无结构的问题、表达问题情境、相关问题根定义、建立概念模型、比较现实与模型、尝试错误与选择、改善问题情境的行动等七个步骤[5]。其中，根定义与建立概念模型是该方法的特色。由于其许多基本观点在初期难以得到共识，根定义（root definition）旨在从底层确立基本观点，即把任何有目的的活动转化为"输入—转换—输出"的逻辑形式，通过一定的转化方案，将现有资源转化为特定状态与最终目标[6, 7]。

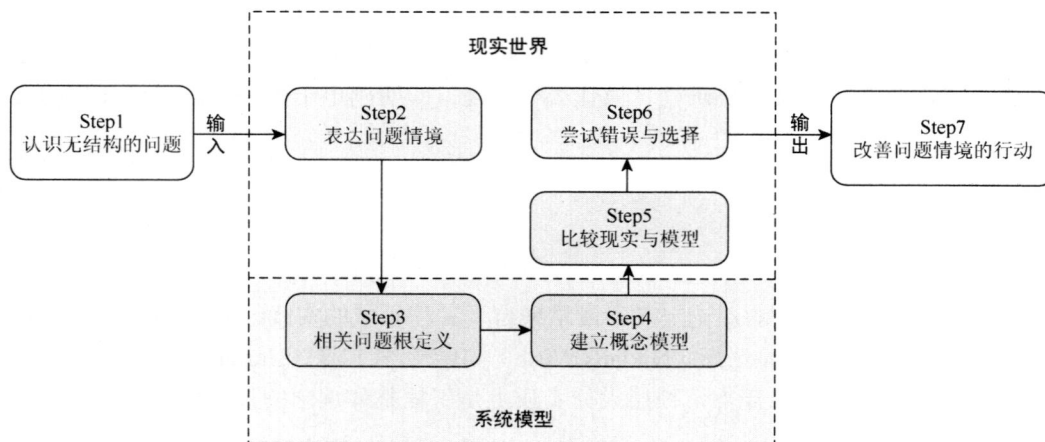

图 1　切克兰德提出的软系统思想过程图（本文整理）

在信息技术与组织管理融合的过程中，EA（enterprise architecture）总体架构也充分反映了顶层设计思想。EA 是对组织的各组成元素及这些元素之间的相互关系的概括。作为业务流程和信息技术架构的组织逻辑，EA 反映了标准化和集成化的组织运作模型，目标是得到业务的敏捷性和效益增长[8]。20 世纪 80 年代中期，IBM 公司工程师 Zachman 最早提出了信息系统架构框架的概念，从信息、流程、网络、人员、时间、基本原理等角度来分析组织，提出的框架体现为一个 6×6 的矩阵，分别从规划者、所有者、设计者、构造者、集成者和使用者的视角回答数据（what）、功能（how）、网络（where）、人员（who）、时间（when）和动机（why）6 个问题[9]。也有学者将 EA 分为业务架构、信息架构、解决方案架构和信息技术架构 4 个层次，认为这 4 个层次彼此相互关联[10]。

美国较早地将总体架构运用于电子政务建设，1996 年美国国会通过《克林格-科恩法案》（*Clinger-Cohen Act*，又称《信息技术管理改革法案》），要求各个机构开发和维护信息技术架构。1999 年 9 月，美国联邦首席信息官委员会发布了《联邦政府总体架构框架》（*Federal Enterprise Architecture Framework*，FEAF），后开发了绩效参考模型（PRM）、业务参考模型（BRM）、服务参考模型（SRM）、数据参考模型（DRM）和技术参考模型（TRM）等五大参考模型，以及一系列实施指南和管理工具，详细描述了美国电子政务发展的目标愿景[11]。此后，各国家和地区纷纷效仿构建了总体架构，欧洲建立了政府体系架构（governance enterprise architecture，GEA），包括政府管理系统领域模型、整体对象模型、公共政策描述对象模型、提供服务对象模型和整体过程模型[12, 13]；2003 年韩国公共管理和安全部颁布 GEAF；2006 年新加坡信息通信发展管理局发布 SGEA；2007 年澳大利亚财政和管理部颁布 AGA；2009 年新西兰国家服务委员会颁布 NZPEA 等。我国也于 2006 年印发《国家电子政务总体框架》（国信[2006]2 号），包括服务与应用系统、信息资源、基础设施、法律法规与标准化体系、管理体制等五部分。

三、研究设计与访谈整理

检察机关在很长阶段并没有长期、全面的电子检务顶层设计。在 2000 年最高人民检察院提出"科技强检"战略后，"十五""十一五"期间（2001—2010 年），全国检察机关通过专项建设的方式，先后开展了"213 工程""151 工程""1521 工程"加强检察机关信息网络建设。"十二五"期间（2011—2015 年），全国检察机关通过重大项目的方式，先后完成了全国检察机关统一业务应用系统、人民检察院案件信息公开系统的研发与全国部署工作[14]。近年来，随着检察信息化的快速发展和良好应用效益，最高人民检察院逐步强化顶层设计，希望依托电子检务工程推动检察信息化实现跨越式发展，发挥后发优势，推动信息技术和检察工作深度融合。

本文选取 12 名检察机关信息化管理者、专家作为访谈对象（表 1），采用半结构化访谈方式进行深度访谈，询问电子检务顶层设计的必要性、设计内容以及其他相关注意事项，明确在未来 3～5 年检察信息化顶层设计"做什么"的研究问题，为最终提出电子检务顶层设计方法模型提供重要参考。

表 1　专家访谈名单表

访谈对象	单位	性别	学历	职务/职称
信息化管理者 A		男	硕士研究生	处长
信息化管理者 B		男	硕士研究生	处长
信息化管理者 C	最高人民检察院检察技术信息研究中心	男	硕士研究生	副处长
信息化管理者 D		女	硕士研究生	副处长
信息化管理者 E		女	硕士研究生	副处长

续表

访谈对象	单位	性别	学历	职务/职称
信息化管理者 F		男	硕士研究生	副调研员
信息化管理者 G	最高人民检察院检察技术信息研究中心	男	本科	副调研员
信息化管理者 H		男	硕士研究生	主任科员
信息化管理者 I		男	本科	主任科员
信息化专家 J	公安部某局	男	硕士研究生	高级工程师
信息化专家 K	国家行政学院	男	博士研究生	副研究员
信息化专家 M	国际关系学院	女	硕士研究生	教授

12 名访谈专家均充分认可检察机关顶层设计的重要性，其中 10 名专家选择"非常重要"、2 名专家选择"比较重要"。本文主要从突出问题、发展目标、优先领域三个方面对专家访谈内容进行整理。

（一）问题导向的访谈：电子检务当前的突出问题

信息化管理者共同认为，当前检察机关电子检务正处于大力推进和升级转型期间。A 认为，检察信息化基础建设已经达到一定水平，信息化水平已经在政法系统中处于领先位置。G 认为，当前电子检务工程的技术难题基本克服，在统一业务软件实施后业务难度也显著降低，业务系统的软件和数据库是全国统一的，前期基础非常良好。F 认为，目前电子检务处于整体上升阶段，随着全国电子检务一期工程的实施还将有较大积极变化。C 认为，从各地的调研情况看，当前电子检务应用不少，创新不少，亮点不少，发展势头良好。

但是大多被访者也表示，电子检务工程仍存在若干突出问题。

一是电子检务当前规划的时效性较差。A、C、D、G 等信息化管理者均强调当前电子检务工程面临的规划相对脱节问题。电子检务工程申请在 2005 年启动，2007 年开始编写，2010 年向国家发展和改革委员会提交，2013 年国家发展和改革委员会批复同意，2015 年先后提交可行性报告和初设方案，随后开始组织实施，已经过去 10 年。D 认为，技术环境、政策环境在几年内都有变动，是否与当前环境匹配已经成为问题。G 认为，电子检务工程问题就是进度太慢，进度一慢就出现长期让全国检察机关处于"看见水，喝不着水"这种状况，让许多地方检察机关信息化部门十分焦虑。G 建议检察机关电子检务顶层设计不能超过 3 个月，1 个月拿出初稿，2 个月论证、确认、印发。A、D 都建议提高时效性，关键是不能大而全，在建设中可以先实现一部分需求，抓住需求痛点，再依靠二期、三期工程逐步完善。需求明确性较高的先行，部分需求和流程已经固化可以快速上马，需求不确定性较大的缓行。

二是检察机关信息化数据标准不统一。C、D、E、I 均认为，数据标准和接口标准不统一是制约检察信息化长远发展的重要因素。C 指出，当前电子检务最大问题就是标准不统一，很容易推倒重来，造成资源浪费，亮点不连续。最高人民检察院在统一标准方面责无旁贷。D 认为，数据标准不统一不仅制约信息系统集成、信息资源共享，更重要的是遏制了地方检察机关的自主创新。E、I 认为最高人民检察院早期的一些文件中虽然对信息化数据标准有所描述，但一方面标准制定时间较早，另一方面部分标准没有得到有效执行，需要由最高人民检察院网络安全和信息化领导小组专门研究印发数据标准，各地检察机关应当严格遵守统一数据标准。

三是检察数据资源共享推进难。D、F、H、M 均认为数据资源共享问题是影响信息化成效的关键。D 表示，当前业务部门的信息孤岛问题通过统一业务应用系统已经解决，但是业务部门与综合部门的人事信息、办公信息等关联性较强，尚未完全融合。H 认为，解决信息孤岛，首先要打破内部的"权力格局",避免各部门存在"数据是权力"的观念,先打破检察机关信息化内部群岛、岛链问题。F 认为,政法机关的数据共享意义重大,既有利于政法机关相互配合,减少重复劳动又有利于检察机关履行法律监督职能,而目前检察机关自行和外部司法机关、政府部门进行数据资源交换缺乏有关的政策、法律依据。

四是检察机关信息化发展不平衡。B、F 均认为,检察机关信息化发展不平衡的问题较为突出。一方面,东西部区域检察机关在信息化基础建设、信息化应用方面存在较大差距,西部部分省院的信息化建设应用水平甚至比不上东部个别的先进基层院、地市级院;另一方面,不同检察机关在信息化理解、认识、学习上存在很大差距,检察人员整体科技素养和信息化能力有待提高。软件研发刚投入使用时问题比较多,需要逐步完善是客观规律,有可能成为检察干警宣泄情绪的导火索和途径。

其他问题还包括:①信息化创新不显著,A 认为,检察机关科技信息化创新性不足,如业务应用方面的创新和拓展应用方面的创新不尽如人意。②安全建设不足,D 认为,当前安全建设应该加强,特别是基于互联网的检务公开应用必须加强安全技术和安全管理。③技术部门边缘化,E、F 认为,在司法改革中,部分技术信息化部门合并,信息化人员的发展空间没有明确,技术部门人员流失现象已经出现并需要引起重视。④检务公开意识有一定提升空间,M 认为,电子检务基本符合国家信息公开与数据开放的步伐,但开放性仍然有待提升,需要进一步加强与公民的互动。

(二)目标导向的访谈:"十三五"电子检务的发展目标

所有的访谈对象都认为"十三五"时期(2016—2020 年)检察信息化的首要目标就是完成电子检务一期工程。G 认为,当前应该赶快争取各省批复,赶快实施,决不能久拖不决。I 也认为,未来五年主要抓好国家发展和改革委员会批复的电子检务一期工程实施和验收结项,加速促进电子检务全面发展。

但是访谈对象对依托电子检务一期工程所要实现的发展方向有不同观点,主要包括完善统一应用系统、重视数据整合和数据挖掘、探索智慧检务和技术等。

一是完善统一应用系统。A、E、H、I 四位信息化管理者都将完善和升级检察统一应用系统作为电子检务一期工程的首要任务。但是四位管理者所指的"统一"的范围不一样。E 认为,最高人民检察院本级应该实现信息化一站式应用,将检察业务、检察办公、队伍管理、检务保障各类信息化软件集中到同一系统。I 认为,统一应用系统也可以包括外网的部分功能,包括案件信息公开、检察宣传、控告举报、便民服务等,然后通过技术手段与专网每日进行数据同步。A 不赞同各类软件"大统一"观点,提倡业务条线软件的"小统一",认为当前业务软件个别业务部门新增工作还没有实现信息化,应该首先实现检察各业务条线的全覆盖。H 也支持"小统一"观点,认为未来五年检察信息化顶层设计应该突出用的问题,不能坐而论道,重点是将在检察工作中发现的需求痛点、办案难点通过信息化手段解决。

二是重视数据整合和数据挖掘。A、C、D、E 四位管理者都建议重视业务应用系统积累的数据资源的研究应用。D 认为,检察信息化五年内首要之举就是互联互通,打通关联问题,数据互联互通不仅是信息挖掘、大数据应用的基础,也能够通过互相关联、互相校验提升数据质量和实时性,改善数据统计和可视化,从而对内提供大数据分析;对外增强服务,推动数据公开。C 强调了数据的应用价值,认为数据科学所衍生的数据挖掘、数据分析、趋势评估等都将成为领导决策的新参考,而以数据为核心的分析,也将成为检察技术信息部门的新职责。在规划方面,可以参考中国人民大学信息学院创新的"决策剧场"模式,在数据呈现上实现"可视化"。具体应用到检察机关,应该在信息化部门建设可视化强的"决策剧场",供领导决策部署使用。E 提出,全国检察机关应实现数据标准统一和接口统一,建立国家检察信息中心,汇总全国检察数据。A 认为,当前检察机关应该注重后续数据的充分应用,好的探索需要得到高层重视和推广,如成都市检察院、宁夏回族自治区检察院等利用统一业务系统的数据开展对检察机关司法行为和外部公安、法院司法行为的法律监督，起到了很好的效果。

三是探索智慧检务和技术。B、C、G、K 四位管理者认为应该依托电子检务一期工程探索智慧检务和技术。B 认为，电子检务工程的目标是成为检察工作现代化的推动、支撑和保障平台，而未来主要依靠新技术的研发与应用。C 赞同这种观点，并表示在最高人民检察院本级的《电子检务工程初步设计方案》中，已明确将以安全保密为前提，积极运用新技术，打造"智慧检务工程"作为工程目标之一。G 认为，电子检务的发展目标已经赶不上领导思路，部分内容已经落后。曹建明检察长提出的"互联网+检察工作"模式、"智慧检务"在现在的电子检务工程中还不能完全实现，应该赶快实施，然后迭代更新。

（三）优先性导向的访谈：电子检务的优先领域

大多数访谈对象均认同电子检务信息化应用包括检察业务、检察办公、队伍管理、检务保障四大板块。A 认为，电子检务是信息化手段推动检察业务各项工作发展、执法办案水平不断提升的重大工程，办案、办公、管理、保障是其四大领域。D、I 建议，电子检务不仅仅应该包括信息化应用，还应该包括硬件为主的信息化网络建设和信息化管理机制建设。B 建议，还需要加入信息化安全模块，具体是放在信息化建设中还是信息化管理中还有待商榷。C 原则上同意将检察信息化应用分为四大部分，认为这已经是检察机关信息化条线的共识，但是不应将检察业务、检察办公、队伍管理、检务保障四个领域的信息化工作并列或等同，检察业务的信息化任务远超过其他三个领域，必须明确检察业务是信息化建设的核心。E 建议，信息化管理运维与科研可以列为第五大领域，主要由信息化部门使用，辅助、服务和支持其他四大领域。M 认为，电子检务信息化应该分为检察机关使用的内部信息系统，公民、媒体使用的外部信息系统和其他党政机关使用的数据交换系统，并认为当前的关键就是通过信息化、网络化手段促进检务工作与社会、公民的融合，从打造封闭的检察信息化系统到为民司法的电子检务工程。

为了统筹优化电子检务工程各项资源，落实曹建明检察长关于"电子检务工程要积极谋划先行启动一些建设任务，原则是区分轻重缓急、突出重点、急用先建"的指示精神。笔者请受访者对各领域检察信息化工程的完善性、重要性、紧迫性、艰巨性进行评分，其中又可以分为两类指标，一类是价值指标判断（重要性和紧迫性），另一类是可行性指标判断（完善性和艰巨性），以检察信息化管理机制为例，其体系尚不完善，并且实现难度不大，因此在可行性指标判断中检察信息化管理机制建设具备较高的优先级，如图 2 所示。

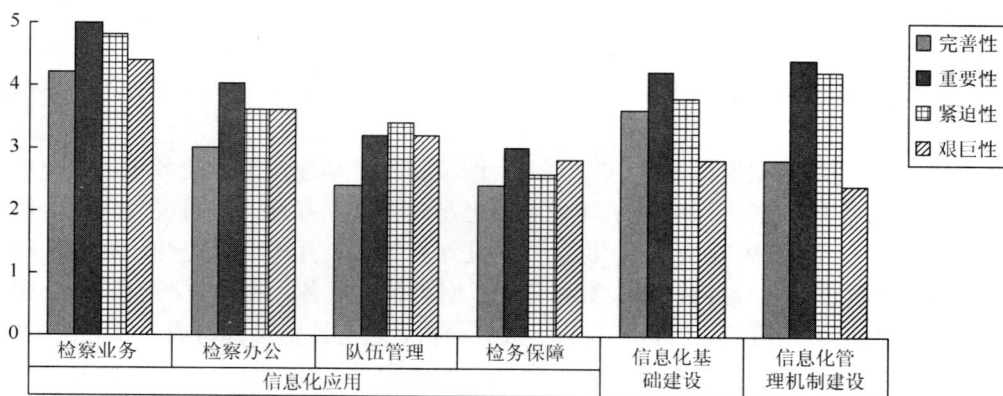

图 2　部分检察信息化工程专家访谈评分表（本文整理）

为了更加直观地判断，也可以通过构建矩阵的方式进行优先性评估。图 3 是对电子检务部分工作的价值进行评估，以重要性为横轴、紧迫性为纵轴建立价值优先性矩阵，价值优先性最高的为"重要且紧迫"区域；次高的为"紧迫不重要"区域；再次的为"重要不紧迫"，最次的为"不重要且不紧迫"区域。在项目资源较少的情况下，通常按照价值优先性进行排序。此外，还可以对电子检务部分工作的可行性进行评估，图 4 以完整性为横轴、艰巨性为纵轴，可行性最高的为"欠缺且容易"区域，其次是"完整但容易"区域，再次是"欠缺但艰巨"区域，最次是"完整且艰巨"区域。在项目工期较紧，希望短期作出重大改变的情况下，通常采用可行性评估项目的优先次序。如要在最短期限实现检察信息化较大改变，应该首先推行检察信息化管理机制建设和检务保障信息化应用。

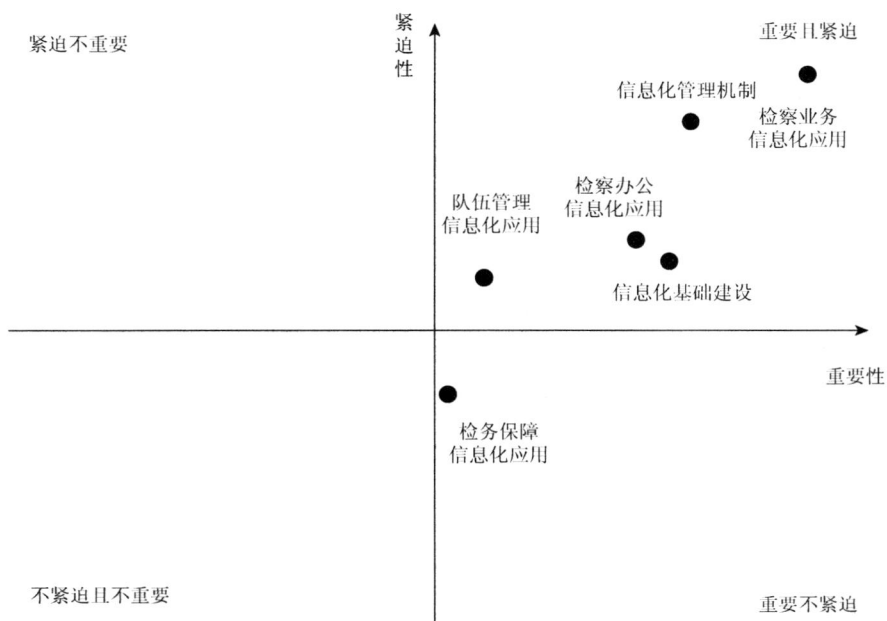

图 3　电子检务部分工作价值优先性评估（本文整理）

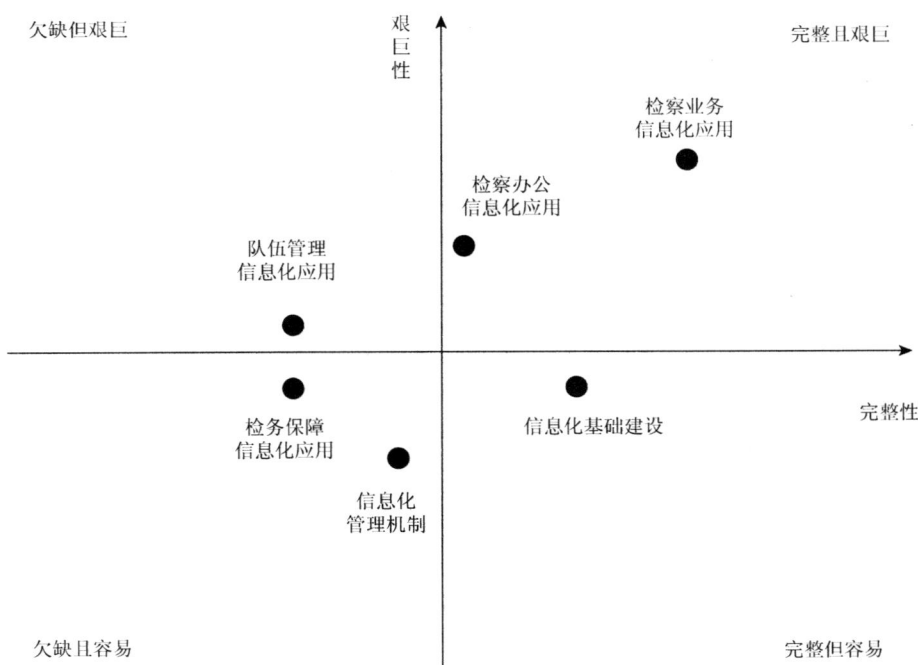

图 4　电子检务部分工作可行性优先性评估（本文整理）

四、研究结论

通过归纳，笔者认为电子检务工程的建设内容可以整合为三类八层的体系结构。横向呈现"一体两翼"的架构关系，业务架构是电子检务工程的建设主体，保障架构和管理架构是电子检务工程的"两翼"，分别负责性能保障和管理规范。纵向三大架构关系又可以细分为业务层、应用支撑层、数据层、网络层、安全层、运维层、战略层、标准层等八个工作层（或称"工作域"），基本涵盖电子检务工程的建设内容和重点工程。笔者依据系统工程学、EA 理论，参照上海市电子政务总体模型、广西壮族自治区国土资源信息化总体架构等地方信息化架构以及《电子检务工程初步设计方案》中有关要求，制作了电子检务工程的总体架构模型图（图 5）。

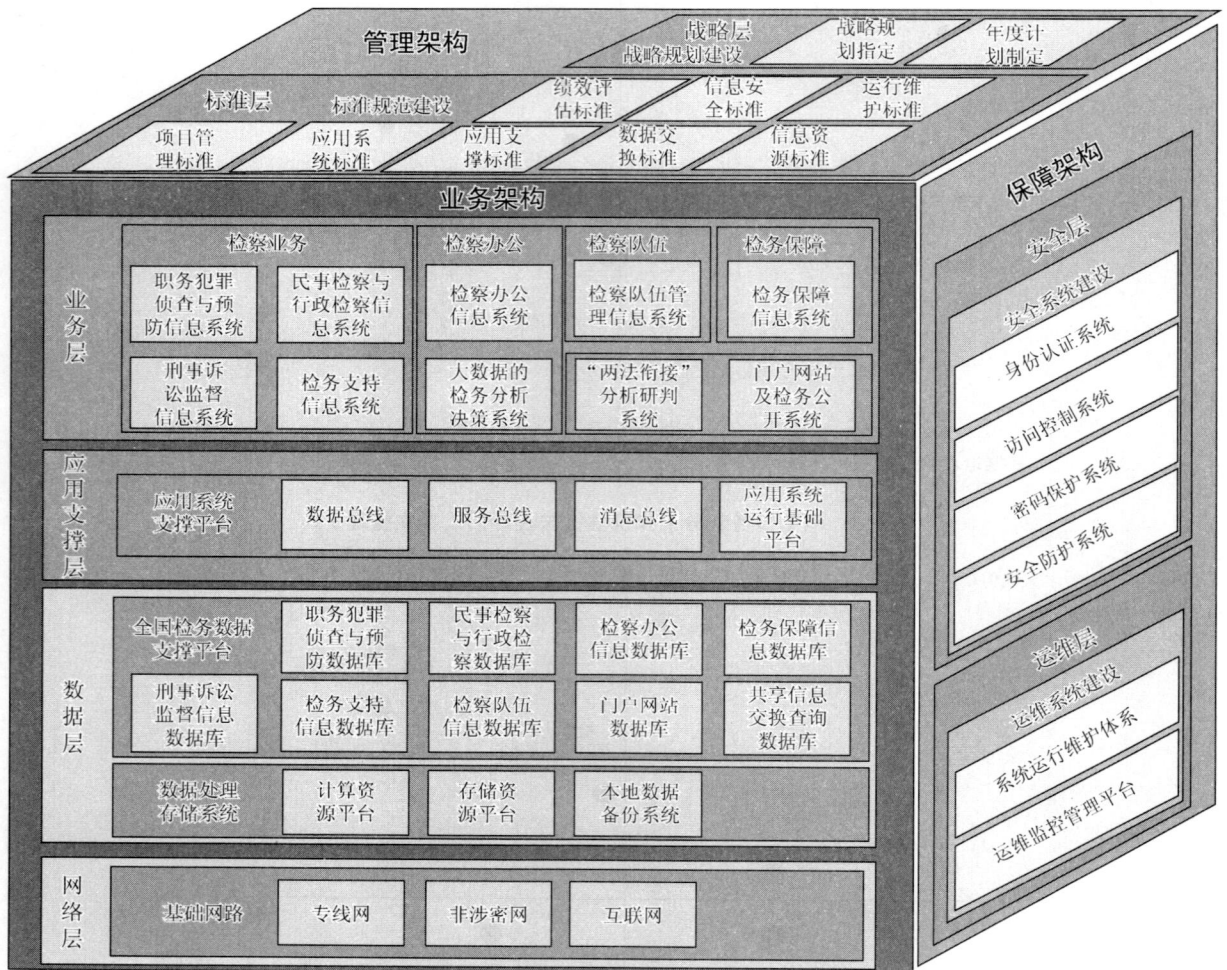

图 5　电子检务工程的总体架构模型图（本文整理）

（一）电子检务业务架构工作层设计

业务架构中，应用支撑层、数据层、网络层是业务层的基础工作，呈现相互依赖的紧密关系。

第一层：业务层是所有工作的核心和重点，主要对应《国家发展改革委关于电子检务工程项目建议书的批复》"六大建设任务"的应用系统建设任务，具体包括内部的检察业务应用系统、检察办公应用系统、检察队伍管理系统、检察保障管理系统四类信息化应用和外部的检务公开系统，立足"四个服务"：①服务办案职能，检察院统一业务应用系统目前已经初具规模，下一步主要工作是对职务犯罪侦查与预防、刑事诉讼监督等系统进行二期开发和优化升级。②服务管理职能，统一检察办公、检察队伍、检察保障系统正在设计和部署阶段。其中，检察办公信息系统主要包括检务综合办公、检察档案管理等；检务保障信息系统需要具备机关财务管理、政府采购管理、审计管理等功能；检察队伍信息系统需要支持检察人员机构管理、党务管理及远程培训等。③服务决策职能，建设基于大数据的检务分析决策系统，支持核心数据管理、常规分析、专项分析、行为分析、多维分析、关联分析、预测分析等。④服务公开职能，检务公开系统主要集成现有的人民检察院案件信息公开系统、官方微博、微信、新闻客户端和门户网站，支持检务信息公开和公众信息服务。

第二层至第四层：支撑核心业务层的运转。应用支撑层（第二层）主要承担业务应用系统和数据层、网络层之间的枢纽作用。主要包括数据总线、服务总线、消息总线、共享服务接口以及应用系统运行基础平台，为应用系统运行提供基础支撑，并实现检察机关业务、队伍、办公、保障信息系统之间的信息交换和融合贯通。数据层（第三层）主要实现检察信息化数据资源的管理、存储和利用，其中数据处理和存储系统建设，主要基于虚拟化技术建设计算资源平台、存储资源平台和本地数据备份系统，为应用系统提供安全稳定、弹性扩展的运行环境和备份环境。重点是全国检务数据支撑平台建设，建设刑事诉讼监督信息数据库等十类专门数据库。网络层（第四层）的主要工作是进行检察信息化基础建设，特别是检察专线网建设优化，建设和完善全国检察业务网，全部覆盖四级检察院与派驻检察室，并实现与公安系统、法院系统、司法系统等相关部门的互联互通和信息共享。为承载职务犯罪侦查指挥平台建设要求，目前又新增了全国检察非涉密网建设任务。

（二）电子检务保障架构工作层设计

保障架构中，检察信息化部门是工作主体，为业务架构中的各项工作安全、稳定、畅通运行提供坚实保障，主要包含网络安全和网络运维工作。安全层（第五层）以保障系统安全、网络安全为使命，主要建设身份认证、访问控制、密码保护、安全防护等安全保障系统以及相应支撑保障环境，同步推进最高人民检察院保密委员会办公室牵头的分级保护建设工作，满足对电子检务信息系统的统一安全管控和安全认证。运维层（第六层）是保障系统稳定运行的关键，主要推动运维监控管理平台建设，支持对电子检务工程的基础设施平台的软硬件设备以及应用系统、应用支撑平台进行监控和管理，支持最高人民检察院与省级院监控管理的联动，实现电子检务工程项目实施全过程的管理，同时建立完善稳定、高效、灵活的信息网络系统运行维护体系。

（三）电子检务管理架构工作层设计

管理架构中，主要明确了电子检务顶层设计的方式、方法与制度机制建设的重点内容，包括战略规划与制度建设工作。战略层（第七层）主要负责电子检务的战略规划，科学研究制定《检察信息化发展规划》《科技强检发展规划》《最高人民检察院检察技术信息中心年度工作要点》，加强信息化战略规划研究、战略实施监测、战略纠偏调整等。标准层（第八层）主要负责检察信息化管理规范的工作机制，具体包括制定和完善项目管理、应用系统、应用支撑技术、数据交换、信息资源、信息安全、运行维护等标准规范。"统一标准"是实现电子检务工程统一管理的前提，是"四统一"指导原则的基础。

五、余论

本文研究的主题是电子检务发展目标和总体架构的顶层设计，相关研究文献较少，属于实践紧迫需要，但理论匹配度并不高的一个前沿领域。受限于笔者的知识结构、研究水平和工作经历，本文还存在许多不足，如专家访谈的广泛性和全面性有待加强。受限于研究者的身份和时间，访谈对象以处级干部为主，省部级干部和厅级干部样本欠缺，因此访谈层次主要体现了信息化管理者而不是负责人的观点和认识。此外，在访谈对象的结构上除三名信息化专家为系统外工作人员，其余均是检察系统工作人员，虽然保证了访谈的专业性，但视野的广度也一定程度受到影响。

总体而言，电子检务顶层设计的发展目标与总体架构研究是对检察信息化"四统一"指导原则的补充和完善，目前仍然是一个初步的理论框架，还需要不断填充内容、更新理念、完善架构。争取在 2018 年全国电子检务一期工程结束后，系统总结一期工程经验教训的基础上，能够形成较为正式的理论模型，更好地指导、辅助检察机关信息化顶层设计和重大部署。争取在 2020 年"十三五"期末，电子检务可以实现总体架构设定的发展目标。

参考文献

[1] 于施洋，王璟璇，杨道玲，等. 电子政务顶层设计：基本概念阐释[J]. 电子政务，2011，（8）：2-7.

[2] 田鹏颖. 论工程哲学视野中的"顶层设计"[J]. 自然辩证法研究，2014，（4）：56-60.

[3] 于施洋，王璟璇. 电子政务顶层设计[M]. 北京：社会科学文献出版社，2014.

[4] 罗雪飞，栾欣超. 论"摸着石头过河"与"顶层设计"的契合——基于方法论视角的考察[J]. 云南社会科学，2014，（2）：1-5.

[5] Checkland P B. Soft Systems Methodology：A 30-Year Retrospective [M]. Chichester：Wiley，1999.

[6] 丁德臣，何建敏，吴广谋. 基于软系统方法的电子政务规划决策支持模式研究[J]. 软科学，2007，21（4）：25-29.

[7] 闫旭晖，颜泽贤. 切克兰德软系统方法论的诠释主义立场与认识论功能[J]. 自然辩证法，2012，（12）：29-35.

[8] Kaisler S H：Critical problems[C]. System Sciences，Proceedings of the 38th Annual International Conference，Hawaii，2005：224-230.

[9] 王欢喜，王璟璇. EA 在电子政务顶层设计中的应用[J]. 图书情报工作，2012，56（3）：140-144.

[10] 林国恩，李隆璇，顾明. 利用 EA 建模加强机构信息安全风险管理[J]. 清华大学学报（自然科学版），2009，（S2）：2073-2086.

[11] Ji W L，Xia A B. Federal enterprise architecture framework[J]. Computer Integrated Manufacturing Systems，2007，13（01）：57-66.

[12] Peristeras V. The governance enterprise architecture（GEA）：A blueprint for e-government development [C]. InGreek National Centre for Public Administration and Decentralization，Delft，2004.

[13] 裘江南，叶鑫，李平安，等. 电子政务顶层设计模型 GEA 及其应用[J]. 情报杂志，2009，28（8）：153-158.

[14] 赵志刚，金鸿浩. 智慧检务的演化与变迁：顶层设计与实践探索[J]. 中国应用法学，2017，（2）：29-38.

The Research of Overall Architecture and Developmental Aim about E-Procuratorate's Top-level Design

Abstract： Top-level design is critical for the E-Procuratorate to achieve the leapfrog development. This paper summarizes the literature on the top-level design of e-government, and obtains the experts' opinions from the Supreme People's Procuratorate, colleges and universities as well as the industry on the issues related to the top-level design such as prominent problems, construction goals, and development directions. Besides, this paper also puts forward the development goal of the e-government construction based on the conclusions, which refers to the realization of "One Body Two Wings" that is the e-government's overall infrastructure requirements, and the improvement of the business structure, security architecture and management structure, including the sub-goals in such eight working fields of the E-Procuratorate as the business layer, application support layer, data layer, network layer, security layer, operation and maintenance layer, strategic layer and standard layer.

Key Words： E-Procuratorate　Top-level Design　Overall Architecture

民族地区电子政务的数字鸿沟研究——以兴安盟地区为例*

张嫣婷　樊　博

（上海交通大学　国际与公共事务学院　上海　200240）

摘要：民族地区电子政务在建设和推行中都面临着严重的数字鸿沟问题，这一问题直接制约了民族地区受众获取信息资源，不利于民族地区政府提供高效服务。基于现有研究，本文在借鉴 Davis 的技术接受模型（TAM）、Lindblom 的渐进决策理论（incrementalist policy-making theory）的基础上，提出民族地区电子政务数字鸿沟分析模型，以兴安盟地区为例，对民族地区政府与公务员、公民之间的电子政务数字鸿沟的成因和弥合措施进行了分析。最后，在实证分析的基础上，本文提出民族地区电子政务建设和推行要从受众角度出发、循序渐进地弥合受众与政府的数字鸿沟。

关键词：电子政务　数字鸿沟　民族地区

中图分类号：C912.81　　**文献标识码**：A　　**文章编号**：978-7-03（2017）04-0057-08

一、引言

（一）研究背景

电子政务中的数字鸿沟，一般是指"在电子政务发展中，存在于政府、公务员、企业、公民和政府部门之间的'信息落差''知识分割''贫富差距'"[1]。与一般的数字鸿沟相比，电子政务中的数字鸿沟特指电子政务提供对象、服务对象之间的数字产品、数字资源、数字信息不平等。

我国电子政务建设以政府机关的办公自动化为起点，进入 21 世纪后开始向更高层次发展。《2016 联合国电子政务调查报告（中文版）》显示，我国电子政务国际排名稳步上升，电子政务水平已处于全球中等偏上水平[2]。但是，我国区域间电子政务发展水平差距仍较大。尤其是"数字赤贫"乃至濒临"数字绝缘化"的民族地区，受经济、地理、交通等因素制约，产生了数字鸿沟，电子政务效率始终处于较低水平，电子政务的发展存在明显滞后性[3]，更值得也更应该得到关注和研究。因此，本文就民族地区在电子政务建设和推行中，政府与公务员、公民之间的数字鸿沟成因和弥合措施进行分析。

（二）研究意义

第一，我国是个多民族的国家，有 55 个少数民族，民族自治地方总面积为 611.73 万平方公里，占全国国土面积的 63.72%（数据来源于民政部统计报告），民族自治地方总人口 18617.70 万人（数据来源于国家统计局官网），占全国总人口的 13.54%，任何体制改革和科技进步都不能忽视民族地区。进行民族地区电子政务的数字鸿沟研究、推动民族地区电子政务跨越数字鸿沟，不仅有助于提

---

* 本文受国家重点研发计划重点专项项目（2006YEF0122300）、国家自然科学基金（71371122）和国家社会科学基金重大研究项目（14ZDB152）的资助。

作者简介：张嫣婷　女，上海交通大学国际与公共事务学院行政管理专业硕士研究生，研究方向为应急管理；
　　　　　　樊　博　男，上海交通大学国际与公共事务学院教授，博士生导师，副院长，研究方向为电子政务、应急管理。

高政府形象、提升政府执政能力，更有利于巩固民族团结、缓和民族矛盾。

第二，电子政务在政治领域发挥着重要作用，能够加强政民沟通、促进民主进程[4]；在经济领域对民族地区的经济发展有所贡献，能够帮助民族地区政府获得大量信息，进行招商引资，促进社会、经济的发展[5]；在社会文化领域有所影响，为搭建一个更好的展示和宣传民族地区优秀传统文化的平台助力，有助于政府在思想文化传播的引导工作中加大覆盖面，提升号召力，提高民族地区的文化竞争力。归纳民族地区电子政务的数字鸿沟形成原因，使民族地区政府了解其在电子政务建设和推行中与公务员、公民之间存在哪些信息不对等，如何采取措施弥合数字鸿沟，才能帮助民族地区政府正视问题，更好地为当地人民服务。

第三，我国电子政务数字鸿沟的研究主要集中在国家的宏观层面，中微观层面的较少。现有研究探讨了民族地区电子政务建设的现状和问题，对民族地区数字鸿沟的表现形式、原因和解决措施也有涉及，但几乎没有聚焦民族地区电子政务领域的数字鸿沟问题，也没有从受众的角度出发提出一贯式的、渐进式的弥合民族地区电子政务数字鸿沟的措施。因此，本文以兴安盟地区为例，指出民族地区电子政务的数字鸿沟、思考其成因和影响、提出解决出路，为未来民族地区电子政务的改革实践奠定理论基础。

（三）研究内容及方法

本文采用定性研究的方法。首先，通过文献研究法梳理已有的民族地区电子政务研究成果和民族地区数字鸿沟研究成果，进而作简短评述。其次，结合技术接受模型和渐进决策理论，构建民族地区电子政务数字鸿沟模型。再次，结合兴安盟地区电子政务建设的实例，通过案例分析法指出政府与公务员、公民之间的数字鸿沟的形成原因和弥合电子政务数字鸿沟的措施。最后，提出结论展望。

二、文献综述

民族地区是依据我国特有的行政区域划分方式划定的区域，指以少数民族为主聚集生活的地区。本文主要就国内文献进行民族地区电子政务的研究现状和民族地区数字鸿沟的研究现状两部分的梳理。

（一）现有研究

1. 民族地区电子政务的研究现状

民族地区电子政务起步较晚，相关研究成果较少。研究方法上，此类研究以定性方法为主，以定量方法为辅。

研究内容上，马青艳和陈爽[6]提出，民族地区电子政务建设困境主要体现在四个方面，分别是政府与政务开发商之间的交易存在两难博弈，民族地区经济发展严重滞后，民族地区人口素质较低、民族地区教育普及率不高和电子政务基础设施薄弱。其中，民族地区全民信息素质和信息意识相对薄弱，造成该地区和其他地区间的数字鸿沟仍在加深。吴开松[7]对民族地区县级电子政务平台服务能力进行了研究，发现人们对电子政务的性质和地位仍然认识不足，电子政务发展总体上缺乏统一规划，电信等基础条件比较落后，电子政务平台信息更新缓慢、服务功能开发滞后。张凯南和黄孝明[8]经过实地调研发现民族地区乡镇居民对政府电子政务平台了解少，政府对于电子政务的宣传力度不够，政府网站的内容相对匮乏。周学勤[3]在研究民族地区县级政府电子政务效率机制中存在的问题时指出，其面临的不利影响因素包括经济技术条件落后、电子政务观念淡薄、体制和制度上的困境。王红梅[9]指出，民族地区在政府门户网站建设及发展中暴露出许多问题，包括因资金技术缺乏造成的网站内容格式简单化，因经济落后、人们思想观念落后造成的网站创新不够、普及不全，因电子政务水平不高造成的线上办事能力差，因政府服务意识不高造成的网站重建设、轻管理、"信息孤岛"现象明显。孙振凯[5]在描述了我国民族地区政府电子政务发展现状后指出，民族地区电子政务建设存在的问题包括自然环境限制基础设施建设，民族地区民众文化程度低、缺少专业技术人才，经济滞后和民族特殊性。

2. 民族地区数字鸿沟的研究现状

国内学者对民族地区数字鸿沟的研究起步较晚，主要从不同角度指出了民族地区数字鸿沟的形成原因，提出要将弥合数字鸿沟与民族地区自身建设相结合。吕惠云[10]指出，西部民族地区数字鸿沟形成原因包括经济条件较差、基础教育薄弱、受教育程度较低和通信设施落后。赵青[11]提出西部少数民族地区数字鸿沟产生的主要原因是贫富差距，要通过改变少数民族的信息观念、给予少数民族信息化建设资金支持等方式，缩小该地区与其他地区的数字鸿沟。陈峻俊等[12]分析了鄂西民族地区数字鸿沟的表现形式主要体现在互联网使用的整体水平比其他地区低、互联网使用受众单一和互联网使用目的单一三个方面，要通过互联网普及和教育、民族文化策略推动、发挥高校和科研机构作用等措施破除数字鸿沟。赵青[13]认为西部少数民族地区的社会发展受到数字鸿沟制约，应通过构建图书馆 2.0 使民族地区居民完成网络信息的生成、共享和传播，消除数字鸿沟。张小强和张倩[14]指出由于少数民族地区存在数字鸿沟，当地居民获取网络信息的技能欠缺，所以互联网动员的持续性会受到影响，无法进行实质意义上的有效社会动员。

（二）总体评述

从民族地区电子政务相关的文献来看，现有研究多采用质性方法，对民族地区电子政务线上平台或现实建设情况进行整体性介绍，并指出建设过程中存在的问题。但在指出具体问题时，研究并没有厘清民族地区在电子政务建设中特有的问题和各地区在电子政务建设中共有的问题。

从民族地区数字鸿沟相关的文献来看，现有研究一方面指明了民族地区数字鸿沟是客观存在的，具体分析了数字鸿沟的表现形式和产生原因；另一方面提出了若干种消除民族地区数字鸿沟的解决措施。然而，这些研究未集中就特定领域的民族地区数字鸿沟进行具体分析，如电子政务数字鸿沟、电子商务数字鸿沟等，针对性欠佳。此外，上述研究未从受众角度出发，提出的数字鸿沟弥合方式彼此割裂、缺乏连贯性。

是故，本文在文献综述的基础上，以兴安盟地区电子政务建设为研究对象，通过案例分析法探讨政府与公务员、公民之间的电子政务数字鸿沟形成原因，为跨越民族地区电子政务中的数字鸿沟建言献策。

三、理论建构

为弥补现有研究的不足，从公务员、公民的受众角度出发，将民族地区电子政务数字鸿沟的成因纳入考虑，本文基于技术接受模型和渐进决策理论，构建了民族地区电子政务的数字鸿沟模型，用以分析民族地区受众产生电子政务数字鸿沟的原因、弥合电子政务数字鸿沟的措施。

（一）理论基础

1. Davis 的技术接受模型

技术接受模型是 Davis 运用理性行为理论研究用户对信息系统接受时所提出的一个模型，旨在解释和预测使用者经过一段时间与系统交互后接受信息系统的情况。该模型特别强调"感知有用性"（perceived usefulness）和"感知易用性"（perceived ease of use）对信息系统使用意向的影响。前者指"个人认为使用某一系统对于提升工作绩效的程度"，会直接影响该系统是否被接受；后者指"个人认为某一系统容易使用的程度"，首先会影响人们对于该系统是否有用的判断，进而影响该系统是否被最终接受。技术接受模型广泛应用于研究用户对信息系统的接受和使用，所以运用其分析受众对电子政务系统的接受度的正向或反向影响因素是合理的。

2. Lindblom 的渐进决策理论

渐进决策理论是由美国学者 Lindblom 在批评理性主义模型的过程中提出的。该理论的要旨在于，广泛了解参与主体的价值偏好，通过妥协调适、良性互动实现政策的动态均衡，强调稳中求变、逐层累积，以可行的方式解决问题。运用渐进决策理论弥合民族地区受众与政府的电子政务数字鸿沟，更有利于民族地区受众接受电子政务这一新事物，也更有利于电子政务在民族地区扎根取得实效。

（二）理论模型建构

本文的电子政务数字鸿沟模型（图 1）分为四个部分，即外生变量、调节变量、感知情况及使用意向和行为。其中，外生变量主要指导致受众与政府产生电子政务数字鸿沟的影响因素，包括民族地区公民对电子政务建设的资金投入、民族地区受众使用电子政务系统的技术水平和受众对系统的认知观念；调节变量主要指弥合受众与政府的电子政务数字鸿沟的影响因素，包括政府提供的电子政务建设政策支持、面向公务员的信息化技能培训和面向公民的电子政务平台使用的宣传动员；感知情况指受众对电子政务系统的感知程度，包括感知有用性和感知易用性；使用意向和行为指受众愿意且能够使用电子政务系统。

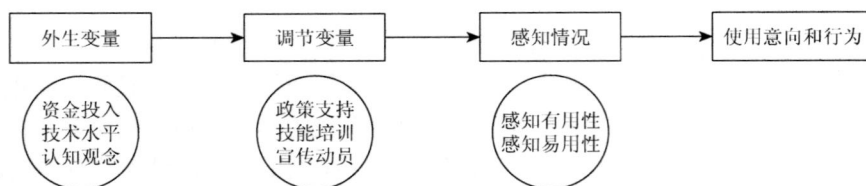

外生变量	→	调节变量	→	感知情况	→	使用意向和行为
资金投入 技术水平 认知观念		政策支持 技能培训 宣传动员		感知有用性 感知易用性		

图 1　民族地区电子政务数字鸿沟模型

四、案例分析

（一）选定兴安盟地区为案例分析对象的依据

兴安盟位于内蒙古自治区东北部，总面积近 6 万平方公里，总人口 164.56 万人，少数民族人口占 47%，其中蒙古族人口占 42.1%，是全国蒙古族人口比例较高地区。2015 年末全盟户籍人口 164.56 万人，其中非农业人口 58.78 万人。城镇化率为 46.24%（数据来源于兴安盟统计局）。

兴安盟电子政务建设于 1999 年起步，由兴安盟统计局网络中心指定专人负责，当年建成兴安盟行政公署局域网。2000 年开通兴安盟门户网站。2002 年，兴安盟成立了信息化建设领导小组办公室，部分旗县市也相继成立了电子政务管理机构，配备专职的管理人员。2003 年起，中共兴安盟委党校负责全盟电子政务培训工作[15]。2008 年初，兴安盟共投入 800 多万元用于盟级电子政务平台建设，至 10 月末盟级平台基本建设完成[16]。2016 年，兴安盟行政公署门户网站进行改版，重新规范设置政务公开专栏，并于 12 月召开全盟政务公开工作培训会，落实新版网站政务公开专栏的人物和责任单位。总体上，兴安盟电子政务经历了初期建设、层层发展、数字鸿沟凸显和弥合数字鸿沟等多个阶段。

因此，基于区位因素和电子政务建设已有经验的综合考量，兴安盟地区有充分的代表性，能基本反映从起步阶段到实施阶段中，我国民族地区政府与公务员、公民之间电子政务数字鸿沟形成的原因和弥合的措施，故选定其为案例分析对象。

（二）兴安盟地区政府与受众的电子政务数字鸿沟形成原因

就兴安盟地区电子政务的受众而言，其与政府产生的数字鸿沟表现为公务员和公民无法科学地使用电子政务系统、实现其功能最大化。数字鸿沟的形成原因具体如下。

1. 资金投入有限

兴安盟地区的公民在使用电子政务系统前，需要投入一定的资金用于购置上网设备和服务，此举使得部分地处偏远、收入微薄的公民认为电子政务系统使用是有"经济门槛"的，降低了其使用意向和行为。兴安盟作为内蒙古自治区内人均收入最低的地区，较高的上网费长期以来都是当地部分公民参与电子政务时跨不过的一道"坎"。近年来，兴安盟政府虽加大了在电子政务建设上的资金投入，但对于公民上网费、网络基础设施建设费等财政补贴的相对不足，仍在很大程度上限制了盟内公民享受电子政务带来的政务公开、网上服务、资源共享和安全保障。

2. 技术水平较低

兴安盟地区的公务员和公民在使用电子政务系统前，需要具备一定的信息通信技术和网络平台操作能力，但对于人口素质总体较低、教育资源相对匮乏的兴安盟而言，技术水平的"短板"降低了受众的使用意向和行为。第一，在兴安盟的公务员队伍中，极其缺乏电子政务的网络技术人才。政府部门的工资相对企业较低，政府部门按照行政级别确定的工资又较难变动，结果使政府信息人才纷纷外流，既有丰富政务管理经验，又具备相应网络专业知识的复合型人才极端缺乏[17]，致使兴安盟显示出高层次技术人才招募难的问题。第二，兴安盟公民对电子政务平台从认识、学习到适应都需要一个过程，尤其需要具备相应的平台操作基础技术。面对电子政务平台这一"拟人"的电子界面，上网能力欠佳的公民所需耗费的网络学习成本、精力、时间都是巨大的，所以比起线上系统，他们还是更习惯于线下政务。

3. 认知观念不足

兴安盟地区的电子政务系统要得到广泛使用，需要建立在公务员和公民正确认识电子政务的观念之上，但目前很多受众没有意识到电子政务对工作、生活的帮助和作用，主观上不愿意接受或使用这一新事物。第一，存在公务员对电子政务认识不足、以电子政务为公民服务的意识薄弱的问题。在兴安盟的政府门户网站上，有较多的政务信息，但政策类信息更新迟缓，办事服务界面无法使用，反映了兴安盟电子政务建设仍然"以政府为中心"，未走向"以服务为中心"。究其原因，一在于信息化不普及，行政人员对电子政务虽有一定的认识，但总体还比较肤浅，对电子政务本质及全局性、创新性、风险性认识不足[18]；二在于公务员囿于条块分割的管理体制，在面对电子政务这个新事物时，不能很快调转思路，做到条块联动、协同共享，而是简单地把电子政务理解成政府上网，只把政府一些政策、法规、条例搬到网站上，没有把传统的政务工具同网络服务有机结合，实现管理、信息与服务三位一体的功能[19]，致使信息互联互通困难，也不利于提高为人民服务的办事效率。第二，存在公民对电子政务缺乏认识、观念上难以认同的问题。在新版兴安盟门户网站上，"互动交流"板块无人问津（2017年上半年，兴安盟盟长信箱收到来信4封，同时虽来信都显示"已办结"，但并未公开办理过程），与内蒙古其他盟市的门户网站形成了鲜明对比（2017年上半年，锡林郭勒盟盟长信箱收到来信16封，且公开办理过程；乌兰察布市市长信箱收到来信36封，且公开办理过程），反映了当地公民电子政务使用率不高、参与性不强。究其原因，一在于许多公民并不清楚政府建成的电子化和网络化服务，因了解少造成应用少[19]，或因不了解电子政府的整体流程，误认为电子政务是繁复难行的，对电子政务接受程度低，所以不愿使用。二在于民族文化影响着盟内公民是否会使用电子政务。新版兴安盟门户网站虽设置了汉文版、蒙文版、无障碍版和手机版的版面选项，但蒙文版网站页面几乎无法使用。民族地区电子政务建设既要强调规范化，也要兼顾少数民族的特殊性。对于兴安盟这个蒙古族人口占42.1%的民族地区而言，依然存在部分人口只会使用蒙文而不懂汉语，或者在日常生活中更倾向于使用蒙文的情况；而现有电子政务网站侧重汉文版网站建设、轻视蒙文版网站建设，势必让这部分公民对此抱有抵触情绪，不愿利用线上平台完成政务办理。

（三）兴安盟地区受众与政府的电子政务数字鸿沟弥合措施

弥合兴安盟地区受众与政府的电子政务鸿沟，就要求政府从受众的角度出发，通过长期的、渐进式的措施提升受众对电子政务系统的感知有用性和感知易用性，进而增进其使用意向和行为。具体措施如下。

1. 政策支持

提升受众对电子政务系统的感知有用性，要确保公务员和公民都正确认识电子政务平台。目前，兴安盟政府暂未出台有关电子政务的相关政策，致使公务员对电子政务系统的管理、公民对电子政务平台的使用都不甚了解。为应对这一问题，兴安盟政府应结合当地电子政务建设和推行的实际情况，尽快制定政策，使受众知晓电子政务系统的作用，进而规范并促进地方电子政务发展，提升政府的信息化治理能力和公共服务水平。

提升公民对电子政务系统的感知易用性，要保证公民有条件使用电子政务平台。兴安盟地区政府在增加电子政务建设整体投入的同时，也应兼顾盟内地理位置偏远、人均收入较低的乡镇公民的需求，通过调研走访、网上与网下互补互动，设计精准化的"上网费"财政补贴政策，降低公民使用电子政务平台的"经济门槛"。

2. 培训宣传

提升公务员对电子政务系统的感知易用性，要确保公务员掌握扎实的信息化技能。目前，在内部人才较为匮乏的情况下，兴安盟部分政府人员已参加了内蒙古自治区政府部门组织的信息化技能培训工作。但由于培训力度不够，且没有对公务员信息技能的掌握做出明确要求，以致培训效果不佳[20]。当然，兴安盟盟内电子政务培训基地的建成、电子政务类教材编写以及培训面的拓宽[15]都是一个长期过程，不可能一蹴而就。只有循序渐进讲理论、步步加深推实践，才能促进兴安盟公务员班子成为政务管理和信息化技术都过硬的队伍。

提升公民对电子政务系统的感知有用性，要保证公民形成对电子政务的认同心理。考虑民族地区公民较晚才接触电子政务，普遍存在对电子政务认知不足或认识片面的情况，所以为尽可能降低公民因不熟悉电子政务而对其产生的抵触情绪、避免电子政务在民族地区推进中的不确定性，兴安盟地区政府应拓宽宣传渠道、采用多样化的宣传形式，激发公民对电子政务系统的认同心理。此外，政府还可以通过统一编写规范的电子政务平台使用手册帮助公民熟悉平台的界面操作和办事流程，使公民通过亲身体验电子政务线上平台，真切感知到其实用价值。

五、结论展望

（一）结论

本文结合技术支持模型和渐进决策理论，提出民族地区电子政务的数字鸿沟模型，首先挖掘出了阻碍受众接受电子政务系统的因素，即数字鸿沟的成因；其次指出了促进受众接受电子政务系统的因素，即弥合数字鸿沟的措施。政府有义务帮助受众跨越电子政务数字鸿沟、享受应得的信息和服务，而这种帮助必须建立在政府了解数字鸿沟成因、对症下药、循序渐进的基础上。技术支持模型涵盖了用户接受系统的过程，所以适合解释民族地区受众在接受电子政务系统过程中的正向、反向影响因素；渐进决策理论具有"保守性易折返""小步走见成效"的特征，所以适合推动民族地区受众与政府之间的电子政务数字鸿沟的弥合。

正如 Van Dijk 指出，现有的数字鸿沟研究多侧重描绘人口统计学要素（如收入、教育、年龄、性别和宗教）与数字鸿沟的关系，而很少有从数字鸿沟产生源头——信息化不平等的深层原因（如社会、文化和心理）展开系统剖析[21]。本文在分析民族地区电子政务的数字鸿沟成因时，从电子政务的受众角度出发，指出资金投入有限、技术水平较低和认知观念不足是民族地区公务员、公民和政府产生电子政务数字鸿沟的三个原因，就是希望从人口统计学以外的层次考量，推动民族地区电子政务数字鸿沟的弥合。

（二）建议与展望

本文获取资料的渠道有限，主要从现有文献和网站上挖掘信息，所以存在信息过时或失真的可能。因此，为进一步验证时下民族地区电子政务的数字鸿沟情况，必须要在深入了解民族地区区情的前提下，开展实地调研、获取一手资料。此外，未来研究可参考"信息化发展指数"的编制方法，建立一套"电子政务数字鸿沟评估体系"，对民族地区电子政务数字鸿沟进行准确测度，为弥合民族地区电子政务数字鸿沟奠定更有力的基础。

参考文献

[1]　赵豪迈，白庆华.电子政务"数字鸿沟"分析与数字援助政策[J].情报杂志，2007，（3）：101-105.

[2]　刘奕湛. 2016 年我国电子政务国际排名稳步提升[EB/OL]. http：//news.xinhuanet.com/2016-07/31/c_1119311231.htm[2016-07-31].

[3]　周学勤. 民族地区县级政府电子政务效率机制研究[J]. 科技视界，2012，9：18-20.

[4]　张凯南，黄孝明. 民族地区乡镇政府电子政务发展状况的研究[J]. 中国城市经济，2011，24：276-277.

[5]　孙振凯. 中国民族自治地区电子政务简析[J]. 今传媒，2014，7：42-44.

[6]　马青艳，陈爽. 民族地区电子政务的困境与制度设计[J]. 云南行政学院学报，2007，（6）：124-127.

[7]　吴开松. 中国民族地区县级电子政务平台服务能力实证研究[J]. 江汉论坛，2011，（5）：24-29.

[8]　张凯南，黄孝明. 民族地区乡镇政府电子政务发展状况的研究[J]. 中国城市经济，2011，（24）：276-277.

[9]　王红梅. 论电子治理视野下的民族地区政府门户网站建设[J]. 贵州民族大学学报（哲学社会科学版），2013，（6）：133-136.

[10]　吕惠云. 西部民族地区新农村建设中的数字鸿沟问题探析[J]. 楚雄师范学院学报，2006，（12）：72-74.

[11]　赵青. 刍议西部少数民族地区的数字鸿沟与信息服务[J]. 现代情报，2007，（3）：49-51.

[12]　陈峻俊，金军，邓桥英. 网络数字鸿沟的个案研究与对策思考[J]. 新闻界，2008，（1）：90-91.

[13]　赵青. 跨越数字鸿沟：构建西部少数民族地区的图书馆2.0[J]. 情报杂志，2008，（2）：142-144.

[14]　张小强，张倩. 少数民族地区环境议题中的互联网动员情况研究——以大理地区洱海保护议题的动员效果为例[J]. 新闻界，2016，（1）：54-61.

[15]　徐长安. 积极创新不断推进兴安盟电子政务建设[N]. 中国信息化周报，2014-05-19（12）.

[16]　张昭. 关于兴安盟电子政务外网建设的思考[J]. 电脑知识与技术，2013，（3）：649-651.

[17]　徐长安. 兴安盟：发展村级电子政务迫在眉睫[N]. 中国信息化周报，2015-03-30（19）.

[18]　乌云高娃. 内蒙古电子政务的发展现状//中国中文信息学会，新疆大学，内蒙古大学. 少数民族青年自然语言处理技术研究与进展——第三届全国少数民族青年自然语言信息处理、第二届全国多语言知识库建设联合学术研讨会论文集[C]. 乌鲁木齐，2010：4.

[19]　僧格嘎日布. 内蒙古地区电子政务发展中的问题与对策研究[D]. 呼和浩特：内蒙古大学，2012.

[20]　郑春延. 内蒙古电子政务发展问题与对策分析[J]. 内蒙古科技与经济，2012，10：13-14.

[21]　Van Dijk J A. Digital divide research，achievements and shortcomings[J]. Poetics，2006，34：221-235.

A Study on the Digital Divide of E-government in Minority Areas Taking Xing'an League as a Studying Case

Abstract：In the construction and implementation of E-government in minority areas，there are serious problems of digital divide. This problem directly restricts the receivers to get access to information resources and is not conducive for the government to delivering the efficient service in minority areas. Based on current research，this paper has combined Davis's technology acceptance model and Lindblom's incrementalist policy-making theory，and put forward the analysis model of digital divide of E-government in minority areas. Taking Xing'an League as a studying case，the causes of the digital divide of E-government，which is between the government and receivers，and the bridging solutions were analyzed. Finally，this paper puts forward that the construction and implementation of E-government in minority areas should proceed from the receivers' perspective，and gradually bridge the digital divide between the receivers and the government.

Key Words： E-Government　Digital Divide　Minority Areas

国外面向需求侧的智慧医疗案例研究

周向红　赵雅楠　刘　琼

（同济大学经济与管理学院　上海　200092）

摘要：本文选取 Propeller Health、Proteus Digital Health、uBox 三个国外面向需求侧的智慧医疗案例，诠释了物联网、移动互联、大数据背景下以患者为中心的智慧医疗产业链 C 端移动医疗模式。典型案例显示面向需求侧的智慧医疗将有助于发挥协同治理的积极效应，优化医疗资源配置效率，缓解信息不对称。中国在医疗卫生体制改革推进中可借鉴国外先进经验，充分发挥信息技术的积极作用，提高医疗服务质量和患者满意度。

关键词：需求侧　智慧医疗　移动医疗　多案例研究　国外实践

中图分类号：C912.81　　　**文献标识码**：A　　　**文章编号**：978-7-03（2017）04-0065-08

一、引言

智慧医疗源于 IBM 公司提出的"智慧地球"概念，是指以电子健康档案为基础，综合运用物联网、互联网、云计算、大数据等技术，构建医疗信息共享的交互平台，实现患者、医疗机构、医务人员和医疗设备等互动，智能匹配医疗生物圈的需求[1]。姜黎辉认为可穿戴智能设备、移动智能终端和云计算平台是移动健康与智慧医疗产业发展的三大助推器[2]。移动医疗作为智慧医疗产业链下游的重要组成部分，是直接面向需求侧的智慧医疗理念的实践。

移动互联网第三方数据挖掘和分析机构权威 iiMedia Research（艾媒咨询）对中国移动医疗健康的市场研究，2015 年我国移动医疗市场规模为 45.5 亿元，同比增长 54.2%；2015 年底中国移动医疗健康市场用户规模已增长至 1.38 亿人，2016 年第四季度已接近 3.0 亿人[3, 4]，同比增长了 16.0%。移动医疗在我国多以春雨医生、微医等网上挂号、在线咨询的平台商业模式出现，发展迅速。技术嵌入医疗卫生服务供给，一方面缓解优质医疗资源紧缺，提高服务的效率和质量；另一方面消解医患之间的信息不对称，降低交易成本，优化资源配置效率和组织流程，提升医患双方的效用，实现服务增量。信息技术与医疗的结合为医护服务的多样性提供了可能，有助于医疗行业从治疗为主转向预防和治疗相结合，间接降低医疗成本。智慧移动健康模式的医疗产品和服务成为传统政策工具（如取消药品加成、倡导医联体建设等）之外，缓解"看病难、看病贵"、医患矛盾等诸多社会问题的选择路径。

美国医疗信息与管理系统学会（Healthcare Information and Management Systems Society，HIMSS）提出，移动医疗是指通过使用移动通信技术提供医疗服务和信息的技术设备，具体到移动互联网领域，则是以基于移动终端系统的医疗健康类 APP 应用为主。它是在当代信息技术革命与生物医学技术革命的结合中，产生的一种全新的医疗健康模式。移动医疗可以为用户提供预约

作者简介：周向红　　女，同济大学经济与管理学院教授，博士生导师，主要研究方向为宏观管理及政策分析；

　　　　　赵雅楠　　女，同济大学经济与管理学院硕士研究生；

　　　　　刘　琼　　女，同济大学经济与管理学院博士研究生。

诊疗、远程会诊、慢性病监控、健康咨询与监测、诊疗报告查询、药品配送等服务项目[5]。吴民归纳了移动医疗的一些具体应用，如提供医学知识教育和医学资讯服务、大众健康服务、门诊预约、电子健康档案查询、用药管理、慢性病管理、医院内部信息交流、灾难管理、射频识别（RFID）技术等[6]。张博文和金新政提出移动健康管理有利于合理分配医疗卫生资源，消除数字鸿沟，增强患者自我管理能力[7]。

　　国内面向需求侧的智慧医疗和移动健康服务的商业模式正在逐渐发展，而移动医疗在国外已有较成熟的发展。本文尝试用简单多案例分析方法，选取国外成熟先进的三个典型案例展开研究，从协同治理、长尾理论等视角，探讨国外实践对中国的启示。

二、案例研究

（一）案例选取

　　通过检索公司官方网站及国内外相关新闻报道，依据 81 种移动医疗服务应用的分类，选取 2007 年于美国威斯康星州成立的 Propeller Health 提供的呼吸系统健康管理解决方案、2001 年成立并将总部设在美国加利福尼亚州的 Proteus Digital Health 提供的数字医疗产品，以及 2007 年由两名年轻大学生在印度设计发明的智能药盒 uBox 作为案例研究的对象。三个公司提供的智慧医疗产品均已获得美国食品药品监督管理局（FDA）批准，并获得多轮融资，被业界看好。

　　三个案例的特征均符合 Information Technology & Media 研究对全球市场上 81 种移动医疗服务应用的分类[8, 9]，即信息/通信功能（包括提醒、数据管理、健康信息知识）、监测功能（包括监测患者情况和位置、药物遵从性、医疗物资或者设备的实时连接）、监控功能（如利用实时数据进行疾病预防）、诊断功能（如通过移动设备进行诊断支持和远程医疗）。因此，案例能够较全面地反映发达国家移动智慧医疗产品及服务的概貌。

（二）案例描述

案例一：Propeller Health 哮喘与慢性阻塞性肺疾病管理。

　　David Van Sickle、Greg Tracy 和 Chris Hogg 是 Propeller Health 的三位创始人，David 曾是美国疾病控制和预防传染病情报局官员、威斯康星大学医学和公共卫生学的社会学者，也是罗伯特·伍德·约翰逊健康基金会的成员，Propeller Health 的首席执行官；Greg 拥有威斯康星大学麦迪逊分校的计算机科学硕士学位，Propeller Health 的首席技术官；Chris 拥有布朗大学分子和细胞生物学学位及芝加哥大学工商管理硕士学位，Propeller Health 的首席运营官。

　　Propeller Health 是一家提供呼吸系统健康管理解决方案的公司，能够将传感器设备、移动 APP、数据分析、患者反馈及监护人"连接"起来，使哮喘、慢性阻塞性肺疾病（COPD）患者和医生都能够更好地了解病情、预测征兆、减少急诊率。

　　Propeller Health 移动智慧医疗产品为了管理和控制哮喘（asthma）和慢性阻塞性肺疾病而发明。哮喘和慢性阻塞性肺疾病是由于气道胀大和缩小致使难以呼吸的慢性呼吸道疾病，目前全球约有 3 亿人、中国约有 2000 万人罹患哮喘，全球 40 岁以上人群的慢性阻塞性肺疾病发病率已高达 9%～10%，为了缓解疾病，如呼吸不畅、胸闷气短等，人们开始使用吸入器。吸入器的使用时间和频率，是判读患者哮喘和慢性阻塞性肺疾病控制水平的很重要的标准之一。患有哮喘和慢性阻塞性肺疾病的患者应跟踪其症状、致病因子和药物服用情况。然而，持续记录或不断更新日志是麻烦且困难的过程，而且随着时间推移，这个记录可能不准确也不完整。

　　Propeller 传感器能在患者用药时进行持续跟踪，记录使用吸入器的时间和地点。该传感器是一个很小的装置，可连接现有吸入器的顶部，并在患者使用时仍保持原有状态。它能够进行客观的数据收集，并得到反馈，能够帮助患者更好地了解并管理哮喘或慢性阻塞性肺疾病。Propeller 传感器将吸入器上收集的数据，无线同步到用户的智能手机上，传感器可跟踪他们的病源和症状，并根据症状给手机发送个性化反馈和教育信息。用户可看到他们使用药物的频率，并设置药物提醒和药物警报，同时 Propeller 社区使用户能够与医生和家人共享他们的 Propeller 数据。Propeller 有自己的社区图，可使患者看到所在社区中经常发病或使用吸入器的区域，使用该匿名数据可以帮助患者自助管理疾病，并与社区中其他患有呼吸疾病的人进行沟通。

　　传统情况下，哮喘患者或慢性阻塞性肺疾病患者通常会在病情恶化到需要立即治疗时才会通知医生。超过 60%的哮喘病患者的病情没有得到控制，慢性阻塞性肺疾病患者中有 50%以上的患者需要每天服药，但依从率在 32%～50%。但是，有自我管理行为的患者依从率明显高于谨遵医嘱的数据，为了使医生能够更好地了解用户的病情，包括何时何地使用药物及症状发生的频率和药物使用频率，Propeller 用户的数据可以与医生进行共享，医生也可以利用这些数据远程监控患者症状并确定何时需要改变治疗方案。Propeller 提供实时信息，可使医生随时掌握患者病情和控制进度，医生还可以设置定制的提醒，在患者病情恶化时及时通知医生。有了数据共享，患者和医生之间可以更好地交流，患者也可向医生更好地描述自己的症状，积极参与自己的疾病管理，实现协同管理，如表 1 所示。

表 1　Propeller Health 智慧医疗产品的协同作用

受益群体	作用
患者	跟踪病情和用药记录、提醒用药；学习疾病知识、了解自身健康反馈数据；与社区病友交流；削减医疗成本，提高生活质量
患者亲友、监护人	远程监控患者健康状况
医疗服务提供者	得到患者全面病情信息，包括时间地点、患者症状发生频率；识别低服药依从率患者，设置定制的提醒；提升医生团体对哮喘和慢性阻塞性肺疾病的治疗水平
社区其他患者	共享社区图，交流互助

　　那么，Propeller Health 产品的使用效果如何呢？

　　据 Propeller Health 有关人士估算，2500 万位美国哮喘患者中超过 60%没有对病情进行主动控制。Propeller 对美国 35 个商业项目、12 项临床研究中的 1200 名患者展开了调查，调查保证了人口、条件和地理位置的多样性。数据显示，在使用 Propeller 一年后，有 79%的患者由平均每天使用 0.7 次急救吸入器的频率降低到平均每天使用 0.1 次急救吸入器。相比于不使用 Propeller 的患者 30%～40%的病情控制水平，在临床研究中发现使用 Propeller 三个月的效果为：哮喘失控率下降 50%，70%患者提高了病情控制能力，患者的生活得以灵活安排，缓解了因病产生的紧张焦虑。

　　Propeller 还明显降低了用户在哮喘病上的花销。美国医疗系统在哮喘和慢性阻塞性肺疾病上每年的财政支出约为 500 亿美元，如果减少急诊和住院量，这项支出将会大幅减少。多项研究表明，未控制好病情的哮喘患者每年花费为 3000～4000 美元，对慢性阻塞性肺疾病患者的各个阶段，患者每年的花费已超过 4000 美元，其中一半用于住院。然而 2015 年，美国联邦政府削减了对于此类疾病的补贴，患者的财务压力为 Propeller Health 创造了更多市场机会，因为每月支付给 Propeller Health15～25 美元的投资回报率（return on investment，ROI）高达 4.7%。

　　Propeller 的实用性很强，能够与舒喘宁这类得到广泛使用的哮喘治疗药配合使用，适合 90%的吸入方式，已经为客户提供了超过 35 个大型医护系统。它还不满足于仅仅关注哮喘和慢性阻塞性肺疾病领域疾病，在 2015 年获得干粉吸入器和肺部输药器认证，与全球顶尖药企"葛兰素史克"建立服务外包合作，对其 Ellipta 吸入器临床数据进行分析。为了更好地进行疾病监察、指导各地区诊疗决策，2016 年，Propeller 计划投入 75000 美元，与科研团队合作开展呼吸道疾病领域的临床研究，为其用户提供更加专业的医疗康复指导。

数据安全方面，Propeller 遵从健康保险携带和责任法案（Health Insurance Portability and Accountability Act，HIPAA），确保用户数据保密性，将数据存储在高度安全、符合行业标准的云平台，用户对自己的数据有完全决定权。

案例二：Proteus Digital Health 可食用的健康传感器。

过去十年中，Proteus 总计获得超过 3 亿美元的投资，其联合创始人和首席执行官是 Andrew Thompson，他在世界经济论坛技术先锋评选委员会任职，拥有工程（剑桥大学）、教育（斯坦福大学）和商业（斯坦福工商管理研究生院）硕士学位。

Proteus 的智慧医疗产品为解决慢性疾病、精神或心理疾病的日常管理难题而发明。美国 1/4 成年人患有两种或两种以上的慢性疾病，如高血压、Ⅱ 型糖尿病等，并且每年在这些慢性病上花费超过 75% 的医保费用。慢性病患者需要长期服药，不按时服药必然影响疗效。据调查统计，慢性病患者 50% 的处方药是在没有医生指导的情况下服用的，医疗处方并未按照预先规划的用药方式发挥效用，导致病情恶化和高昂的医疗费用。

2001 年成立的 Proteus 公司总部设在加利福尼亚州的红木城，致力于开发数字医疗产品，能收集各类行为、生理、治疗等人体指标，包括持续服药、心率、睡眠模式、体力活动、压力水平等，为消费者提供个性化健康管理工具。Proteus 的摄入传感器和个人生理监测系统称为 Raisin 系统，通过在任何离散时间摄取传感器（如特定药物摄取），研究生理信息记录和监测药物在体内是如何代谢和起效的。患者服用药丸后，药丸会到达人体胃部，药丸内传感器中的电极从胃酸中获得电力，配合贴在皮肤上的贴片，传感器可以测量各种生理参数，如心率、呼吸、身体角度、活动情况以及睡眠模式，独特的摄取事件和个性化的生理信息通过蓝牙传输到计算机化的设备，如移动医疗应用的手机。

2011 年 7 月 14 日，美国专利局授予 Raisin 系统专利号 7978064。其独特成分就是摄取时间标记（IEM），该 IEM 是一个微小的、沙粒大小的在谷物链中发现的材料，是一种微机电装置，可集成到任何药物片剂或胶囊里，来实时监测该物品的摄取，从而有助于测量和提高患者依从药物性与给药方案。2011 年 12 月后，基于 Raisin 系统的 Helius 随之推出，Helius 可为目前有医疗问题和健康问题的患者提供有效的解决方案。结合了传感器功能的平板电脑、可穿戴生理监视器、先进的移动医疗用户体验和信息服务，Helius 能够让消费者独自在家，亲人远程照顾他们，也用于家庭护理服务、护理院等机构，来提高质量和医疗效率。2013 年 5 月 1 日，Proteus 和 Oracle 开展合作，Proteus 的摄入传感器通过安全、可靠、可扩展的 Oracle 健康科学云平台与 Oracle 的临床试验产品结合。

Proteus Digital Health 智慧医疗产品在医疗服务的供、需双方及相关者之间的协同管理作用如表 2 所示。

表 2　Proteus Digital Health 智慧医疗产品的协同作用

受益群体	作用
患者	获取身体健康监测数据，服药效果和生活习惯的深度观测；帮助患者明显降低费用；控制慢性病、提醒按时用药，避免突发性重症的发生
患者亲友、监护人	获得长期准确的患者服药及健康状况
医疗服务提供者	提供清晰、客观的数据，深入了解患者的服药情况、日常习惯，为患者提出个性化建议；帮助医学专家获取患者长期实时的健康数据，以确定进一步诊疗方案

目前 Proteus 正在和很多著名公司和研究所合作，如药物数字医疗合作伙伴、消费者和医用可穿戴传感器产品合作伙伴等。Proteus 目前拥有超过 500 项关于数字健康技术及其应用的专利和专利申请，Proteus 也在极力拓宽其产品的适用领域范围。但是，Proteus 必须记录和追踪患者用药情况，使得其必须重视数据医疗的公民权利和个人隐私问题。

案例三：Abiogenix 的智能药盒 uBox。

uBox 由 Goutam Reddy 和 Sara Cinnamon 在 2007 年发明，起初在发展中国家为实施治疗肺结核的 DOT 项目（该项目在印度由创新医疗组织"Innovators In Health"和 Prajnopaya 基金会联合举办，DOT 是现代结核病控制策略之一，意为直接面视下服药的全程督导管理），设计了 uBox 智能盒。在赢得尤努斯挑战计划大奖后，两人又初试创业两年，直到 2008 年底，公司经费耗尽，无法维持而被迫终止。那时他们就已经意识到类似 uBox 的装置在朋友圈或美国家庭中广受欢迎。直到 2011 年，眼见智能设备的市场依然火爆，两人决定组队将 uBox 推入市场，终被 Healthbox 加速器选中，获得了更好的资源、指导与资金支持，2012 年 8 月 Abiogenix 获得了第一笔种子轮投资。

Abiogenix 公司的智能小硬件 uBox 的设计初衷非常简单，就是为了解决日常生活中忘记服药这件事。其实，有很多需要每天按时吃药来维持健康的疾病困扰着人们，如器官移植术后恢复、血友病、甲状腺功能紊乱、抑郁症等。美国每年由于不按时吃药造成的直接或间接损失都高达 3 亿多美元，忘记服药使得治疗效果大打折扣，病情得不到有效控制，甚至会恶化复发，患者必然会重复就医，这将导致整体成本的增加及资源的浪费。其实还有其他众多因素导致不准时、不按量服药，如患者自己认为不需要服药、药不在身边、医嘱服药麻烦、瓶瓶罐罐太多、需要分剂量服用等。

uBox 是为患者量身定制的服药工具，能安全地储存并在正确的时间分发药丸，信息会同步传输到智能手机上，盒子分 14 间格挡，每格装一剂药量，方便每次定量服用。uBox 通过以下几点提高患者的药物治疗依从性：提醒患者按剂量服药、记录服药的频率与时间、限制不恰当的药物服用、根据设定进行提醒。uBox 还有自带锁，防止家中小孩乱吃药丸，排除危险隐患。如表 3 所示，uBox 同样在医患双方以及患者亲友或监护人之间起到了有效的协同管理作用。

表 3　Abiogenix 的 uBox 智慧医疗产品的协同作用

受益群体	作用
患者	灵活便携，帮助患者管理身体健康、节约医疗开销；个性化设置提醒时间、日程安排和联系方式，方便按时按量取药
患者亲友、监护人	家人、朋友同步跟踪用户情况，一旦错过时间，"关爱名单"中的人便能收到短信或邮件并通知患者补吃药品，也可以发送信息表示已经吃药
医疗服务提供者	医生通过观测许多慢性患者的服药历史，给出有针对性的医疗处方和服药建议

uBox 的目标不在于通过卖药盒来赚钱，而是希望用他们的技术和服务能与患者建立长期的合作关系。用户每月需支付 25 美元来获取这款智能药盒和 Abiogenix 提供的相关服务，而在移动医疗的敏感问题上，Abiogenix 的专业人员会保护患者的隐私。

（三）案例总结

多案例分析发现，三种面向需求侧的智慧医疗解决方案均属于移动医疗（或移动健康）。它们均以健康管理为目标，由创新医疗企业驱动，性质均为私有化，以提供移动智慧医疗产品与搜集健康大数据为商业模式，服务的提供均通过移动电子设备平台实现，远程医疗团队或平台内的健康咨询顾问为该模式医疗服务的提供者。面向需求端的智慧医疗模式的价值在于：对用户，降低医疗成本、更方便自身管理或亲友的疾病状况，有效控制和减缓慢性疾病；对医疗人员，减少医疗诊断的不确定性，利用可视化的数据积累医疗经验。

综合三个案例特征，绘制面向需求侧的移动智慧医疗架构图如图1所示。

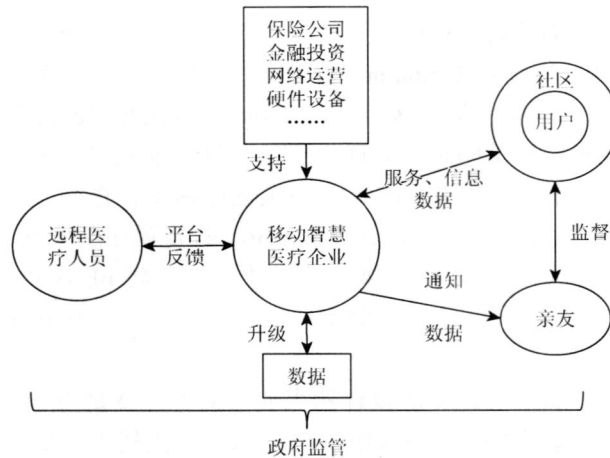

图1　面向需求侧的移动智慧医疗架构图

1. 双边网络效应，优化资源配置效率

移动智慧医疗对于平台企业本身来说，能够整合平台双边资源，提高医疗资源配置效率，实现双边网络效应，具有清晰的商业模式（销售科技产品、搜集健康大数据）。Propeller 和 Proteus 的实践能够为医疗服务提供者判断患者的疾病状况提供更为准确的辅助信息，从而提高医疗服务效率，实现服务增量，最终可达到"精准医疗"。

2. 消解医疗行业信息不对称和医患矛盾

不同于一般商品，医疗服务有着很强的不确定性[10]，患者难以判断自身的身体状况和疾病的严重性，也无法识别医疗机构的诊疗能力，因而导致医患矛盾问题。智慧医疗和信息技术使得数据可以在相关者间共享，能够消解医患之间信息不对称，并帮助患者亲友参与疾病管理。这三个案例均采用了信息内部共享的做法。

3. 实现长尾理论、个性化定制与医疗质量提升

面向需求侧的移动智慧医疗模式提供个性化医疗服务，明显提高医疗质量。Propeller、Proteus 和 uBox 均研发了专门的移动智能 APP，根据用户个人的情况和需要设定个性化的医疗服务，挖掘了广阔的市场空间和用户需求。灵活定制的智慧医疗模式突破了传统医疗产品和服务"流水线"的刻板性。它不仅实现了互联网经济中的长尾效应，也做到了医疗行业可持续发展，真正以居民健康为中心。

4. 节约医疗成本，"治未病"与缓解优质医疗资源紧缺

三个案例模式从长期来看均有较高的投资回报率，凸显了健康管理的重要意义，疾病预防减少了急症和住院的高昂费用。面向需求侧的移动智慧医疗属于轻资产模式，市场竞争环境良好，促进创新医疗产品更新，基本不受行政或垄断的价格扭曲。同时，可以有效地缓解优质医疗资源紧缺，优化资源配置效率和组织流程，"治未病"和"把一部分患者留在基层"的目标得以实现。

5. 协同治理，举全社会力量创业创新

根据公共经济学、新公共管理和新公共服务理论，医疗行业作为具有正外部性的准公共服务，可以由私营部门提供[11]，社会资本办医可以借助互联网迅速繁荣[12]，多元自主治理的合理性[13]受到

公认，多主体协同和互联网医疗可以促成卫生服务体系和服务能力现代化[14]。三个案例的成功实践为医疗领域内协同治理提供了有力的证据，公共部门提供的医疗系统不具有私营部门的灵活性和创新竞争能力，医疗卫生领域内科技创新和创业的潜力尚待开发。

三、中国启示

根据移动健康的发展前景分析，我国面向需求侧的移动智慧医疗模式应用前景不可小觑。中国应鼓励面向需求侧的移动智慧医疗模式破解医疗卫生体制改革困境。政府应落实《"健康中国"2030 规划纲要》《关于促进和规范健康医疗大数据应用发展的指导意见》《国务院关于积极推进"互联网+"行动的指导意见》等鼓励智慧医疗产业发展的要求，以及《关于支持社会力量提供多层次多样化医疗服务的意见》，公平对待社会办医，以满足新时代多层次、多样化的健康需求。政府必须释放医疗资源到社会中去，为移动智慧医疗服务的医疗资源供给创造条件，必要时还可给予补贴。此外，还可借鉴国外移动医疗数据安全管理办法，保障智慧医疗持续发展。

参考文献

[1] 项高悦，曾智，沈永健，等.我国智慧医疗建设的现状及发展趋势探究[J]. 中国全科医学，2016，19（24）：2998-3000.
[2] 姜黎辉.移动健康与智慧医疗商业模式的创新地图和生态网络[J]. 中国科技论坛，2015，（6）：70-75.
[3] 艾媒咨询. 2015-2016 中国移动医疗健康市场研究报告[EB/OL]. http：//www.iimedia.cn/14537078374898417l.pdf[2017-09-27].
[4] 艾媒咨询. 2016-2017 中国移动医疗健康市场研究报告[EB/OL]. http：//www.iimedia.cn/49397.html[2017-09-27].
[5] 陈欢欢，王高玲. "互联网+"背景下我国移动医疗监管模式的设想[J]. 中国医院管理，2016，10：30-33.
[6] 吴民. 移动医疗的应用[J]. 医学信息学杂志，2012，11：2-5.
[7] 张博文，金新政. 移动健康管理研究[J]. 中国卫生信息管理杂志，2016，1：41-44，50.
[8] 徐倩，赵文龙. 国内外移动医疗应用现状及启示[J]. 检验医学与临床，2014，9：1295-1297.
[9] 王海燕，郭珍军. 海外移动医疗信息化进展[J]. 现代电信科技，2011，4：10-14.
[10] Arrow K J. Uncertainty and the welfare economics of medical care[J]. The American Economic Review，1963，53（5）：941-973.
[11] 葛乃旭，许洁. 公共经济学[M]. 上海：同济大学出版社，2012.
[12] 昝馨，朱恒鹏. 我们为什么要给互联网医疗说好话？[R]. 北京：中国社科院公共政策中心，2017.
[13] Ostrom E. Governing the Commons[M]. Cambridge：Cambridge University Press，2015.
[14] 王有强，李海明，王文娟. 卫生体系和服务能力现代化的实现路径：基于协同治理视角[J]. 中国行政管理，2017，4：35-39.

A Case Study of Smart Healthcare Oriented to Demand Side

Abstract：This article selected three foreign cases：Propeller Health，Proteus Digital Health and uBox. The cases typically reflects：under the IoT，mobile internet and Big Data background，a patient-centered mobile healthcare model on the Customer/Demand Side of Smart Healthcare supply chain. Multi case study illustrates that C-side smart healthcare is conducive to collaborative governance operation，efficiency of medical resources allocation and information asymmetry reduction. In the process of Chinese Medical-Sanitary System Reform，we could use foreign advanced experience for reference，take advantages of information technology，and improve the quality of medical services and patient satisfaction.

Key Words：Demand Side　Smart Healthcare　Mobile Medical　Multi Case Study　Foreign Practices

印度智慧城市建设的实践与探索*

PardhaSaradhi Yarlagadda[1]　刘　燕[2]

（1. 奥斯马尼亚大学城市与环境研究中心　海得拉巴　印度

2. 电子科技大学政治与公共管理学院　四川成都　611731）

摘要： 印度正在经历着空前的城市化进程，在 2014 年已发展成为全球第二大城市体系。城市是科技创新、经济增长和就业的中心，一方面吸纳着农村移民的技能和知识，另一方面寄托着他们的希望与憧憬。随着城市人口的增加和经济的发展，印度城市得到了空前的扩张，然而也涌现出了诸多的问题，如城市环境质量持续下降、空气污染、交通拥堵等。因此，要更为高效可持续地发展城市，需要更加科学合理地管理城市，更需要大力提升政府的城市治理能力。鉴于此，为了创造更加美好的城市生活，2015 年 6 月，印度政府雄心勃勃地开启了智慧城市计划（Smart City Programme）和转型阶段振兴城市计划（Atal Mission for Rejuvenation and Urban Transformation，AMRUT），旨在提升城市服务质量和性能，降低成本和资源消耗，并更加积极有效地与市民互动。

关键词： 印度　智慧城市　城市化

中图分类号： C912.81　　　**文献标识码：** A　　　**文章编号：** 978-7-03（2017）04-0073-07

一、引言

城市化进程是不可避免的，经济发达的国家无一不是城市化水平较高的地区，城市化已成为一个发达社会的必要条件。城市化就像启动了的开关：它不会停止，也不会逆转，只会年复一年地向前推进。在过去的半个世纪，城市不仅在人口方面取得了巨大增长，也逐渐发展成为就业中心、技术洼地、农产品加工场所、学习中心、与世界交流的平台，尤其是通过贸易、产业，金融和房地产发展成为经济中心，创造巨大的经济价值。然而，快速的城市化也给资源带来了压力，城市对能源、水和卫生设施的需求不断增长，对公共服务、教育和卫生保健的需求日益剧增。虽然存在一定程度的挑战，但目前城市仍然称为经济增长的引擎，国家应充分利用城市化的优势，大力发挥其为经济增长和减少贫困所带来的机遇。

2014 年，全球城市化率高达 54%，预计到 2050 年将增长到 66%。根据联合国 2014 年度报告，城市化与世界人口的全面增长趋势相结合，到 2050 年全球可以新增 25 亿人口，其中 90%将集中在亚洲和非洲[1]。这一庞大的可预见人口增量，将促使政府更智慧地来应对这种规模空前的城市化，并找到新的治理方法来管理这种复杂系统，提高效率，降低成本，提高生活质量。这些工作在很大程度上将取决于对城市发展的理解和管理。尤其在发展中国家，城市需要重新定位以便能克服人口增长所带来的挑战，从而真正地把城市变成更适宜居住的场所，使得市民能享受城市化发展带来的硕果。

---

* 本文为 2016 年中国西部海外高新科技人才冾谈会·智慧城市国际论坛入选文章，原文为英文版本。

资金资助：2017 年四川省哲社基地区域公共管理信息化研究中心项目 "基于 BIM 理念的智慧建造模型研究"（QGXH17-08）。

作者简介： PardhaSaradhi Yarlagadda　印度奥斯马尼亚大学教授，主要研究方向为智慧城市；

刘　燕　通讯作者，电子科技大学政治与公共管理学院讲师，博士，主要研究方向为城市研究。

2008 年，IBM 公司提出"智慧城市"概念，作为其智慧地球计划的一部分[2]。2009 年初，这个概念吸引了世界各地、各民族的目光。智能城市战略作为利用现代科学技术的有力催化剂，将移动设备、语义网、物联网、云计算、大数据、空间地理信息等高新技术运用在城市规划、城市建设、城市管理和城市运营中[3]。信息技术正在改变城市的发展，与此同时，对于智慧城市的关注也可归因于对可持续发展的强烈关注，以及新的互联网技术的崛起。据 IBM 公司报告，智慧城市旨在利用信息和通信技术去感知、分析和整合城市运行系统所产生的各种关键信息，并智能地应对与环境、公共安全、城市服务、商业活动和市民生活相关的各种需求。

"智慧城市"这个概念较新，一个智慧城市的发展可以因地制宜，可以根据当地特色经济、社会等因素以及具体的城市发展目标而不同。然而在智慧城市的建设方面也逐渐达成了一些共识，可持续的智慧城市模式应该包括智能通信设施、智能移动、智能生活、智能经济、智能环境和智慧市民等方面。智慧城市方案不仅仅是由各种技术供应商提供解决方案，而且需要城市发展中的所有子系统、所有利益相关者一起协作，协同发展。一个城市是一个复杂的系统，涉及许多不同的领域、基础设施、组织和活动，所有这些需求都应该被集成处理和有效运行，为城市更加智慧地运行而服务。

二、印度智慧城市建设概况

根据预测，到 2030 年，印度将成为世界上人口最多的国家，这也将使其成为全球制造商和服务提供商的最大渗透市场。与其他国家不同，印度在这个进程中不仅仅是人口总数的增长，也面临着人口结构的巨大变化。这些增长的庞大人口不会均匀分布，而是相对集中地转移到这个国家的一线城市里，预测这些新兴的大都市将会对整个国家的经济贡献 80% 以上。这一趋势使得印度城市具有巨大的潜力应用现代技术和建设基础设施，更好地打造城市资源。

据估计，为了得到更好的生活环境和更好的生活方式，每分钟有 25～30 人从印度偏远农村地区迁移到各大城市。如果保持这种发展态势，预计到 2050 年，将会有 8.43 亿人居住在城市地区。为了适应这种大规模的城市化，印度需要找到更智慧的方法来应对，降低费用，提高效率，提高市民生活质量。在这样的背景和挑战之下，纳伦德拉·莫迪总理提出了"数字化印度"的愿景，制定了一个雄心勃勃的计划，要在全国建立 100 个智慧城市和 500 个转型阶段的振兴城市（AMRUT）。

在启动振兴城市、智慧城市以及城市居民居者有其屋计划之时，莫迪总理说，"城市化应该作为一个难得的发展机遇，中心城市应该作为经济增长的发动引擎"。莫迪总理在该讲话中还引用了这样一段话，"过去的城市沿河而建，现在的城市沿着公路而建。但是在未来，城市建设将主要依赖于光纤网络和下一代基础设施的可用性。"

现今的城市发展主要依赖于传统的城市规划，这使得精确预测未来人口增长存在一定的难度。城市规划者在为不断增长的人口提供足够的住房和基础设施方面存在较大的压力与挑战。智慧城市计划能够精确追踪在城市区域内工作和生活的人口数量，并能够根据市民的需求主动进行资源规划和优化配置，也可以帮助城市规划者提前进行规划，为数量时刻增长的市民提供最佳的城市生活体验。

有趣的是，印度的城市化进程长期以来一直作为区域规划失败的副产品。虽然城市化是不可避免的进程，而且仅在其收益大于投入成本时才会发生，城市化仍然作为实现城市快速发展的机遇。随着城市化进程推进以及农村土地的超额负担，现在政府已经意识到打造一个既能应对挑战又能吸引投资的现代城市的重要性。"智慧城市计划"的启动正符合这一发展愿景。

在 2014～2015 年财政预算中，印度政府拨款 706 亿卢比（即 12 亿美元）用于智慧城市项目。相应地，印度财政部部长在 2014 年 7 月的财政预算案讲话中指出："随着发展的成果惠及越来越多的人，人口从农村向城市迁移的步伐将会越来越大。同时，一个新的中产阶级阶层也在不断壮大，这个阶层普遍拥有追求更好生活水平的愿望。因此，除非新城市的发展能适应这些蓬勃发展的人口，现有的城市将很快变得不适宜居住"[4]。为了更好地服务这部分增长人口，需要新建近 8 亿平方米的商业和住宅空间。

在印度，现今城市人口占总人口的 31%，却贡献了印度国内生产总值（GDP）的 60%以上。据预测，到 2030 年，印度城市人口将贡献近 75%的国内生产总值。这也使印度尽快尽可能创建 100 个智慧城市显得尤为重要。印度政府在政府白皮书中将智慧城市定义为"拥有智慧、智能、物理、社会、制度和经济基础的城市，同时确保在可持续环境中的公民中心地位"。智慧城市是一个高度先进和结构化的城市空间，依赖于可持续的基础设施、房地产、数据、连通性和经济可行性。在这种城市模式中，信息技术是主要的基础设施，也是为居民提供必要服务的基础。在智慧城市中，经济发展和经济活动是可持续的，并且以市场的供需关系为驱动来实现合理的增长。这种模式使得公民、企业、政府和环境等利益相关各方均能获益。同时，智慧城市有助于招商引资，印度政府已邀请外国合作伙伴共同参与发展智慧城市，并已与德国、美国、西班牙、新加坡、阿拉伯联合酋长国和日本等国家达成共识，签署了建设智慧城市相关协定[5]。

三、印度智慧城市发展战略及模式

为了实现智慧城市这个目标，一个复合的智慧城市系统主要包括智慧治理、智慧生活、智慧市民、智慧移动、智慧环境、智慧经济等内涵。智慧城市的核心基础设施要素主要包括以下几方面[6]：充足的供水；有保障的供电；公共卫生包括固体废物处理；高效的城市交通和公共交通；可支付住房，特别是针对穷人群体；强大的信息技术连接和数字化；良好的政府治理，特别是电子政务与公民参与；可持续环境；公民安全，特别针对妇女、儿童和老年人等弱势群体；医疗与教育等。

（一）印度智慧城市发展战略

推行智慧城市的目的是通过区域发展和治理技术（尤其是可以带来智慧发展的技术），推动经济增长，提高人民的生活质量。主要建设方案包括以下三类：①基于区域的发展模式，将通过改造和重建来改变现有的区域（包括贫民窟），使其建设更有规划性，从而提高整个城市的宜居性。②新区域（主要是绿地）建设，将围绕城市边缘而建，主要为了适应城市人口膨胀。③泛城市方案，主要将选择的智能解决方案广泛应用到现有的城市基础设施中。智能解决方案的应用将涉及技术、信息和数据的使用，这都使得基础设施和城市服务更好。智慧城市方案中所入围的每个城市都将以泛城市方案为主，再从改造、重建、绿地建设三个模式中任选其一或者混合各方案一起进行。在印度东北部和喜马拉雅邦，拟开发的区域将有一半采用制定的改造、重建和绿地建设模式。智慧解决方案的应用将使城市通过技术、信息和数据来提高基础设施与服务水平。

以这种方式全面发展城市，将提高生活质量、创造就业和提高所有市民的收入（尤其是穷人和弱势群体），这些都将有助于创造一个更加包容的城市。

（二）印度智慧城市建设的业务模式

大部分智慧城市项目建设采用建设-经营-管理（BOM）的业务模式。私营部门设计和建立一个业务进行经营，当经营合同到期时（或在其他一些预先指定的时间点）再将其转让给政府，私营部门随后可以租用政府的资产[7]。常见的业务模式主要包括如下几种。

（1）建设-拥有-运营：智慧城市的规划师（往往是政府部门）独立地建立这个城市基础设施，并提供智慧城市服务；智慧城市服务的操作和维护完全由规划师掌控。

（2）建设-运营-移交：智能城市规划师指定可信赖的合作伙伴，由其完成城市基础设施建设，并在一个特定的时期内提供智慧城市服务；到期后，运营权将移交给智慧城市规划师。

（3）开放的业务模式：智能城市规划师授权任何符合条件的公司或企业组织参与城市基础设施建设，并提供城市服务；城市规划师将主要履行监管职责。

（4）建设-运营-管理：智能城市规划师指定一个可信赖的合作伙伴，由其完成城市基础设施建设和提供智慧城市服务；合作伙伴将提供和管理智慧城市服务；城市规划师不再履行任何义务（大多数政府和社会资本合作的投融资模式（即 PPP 项目）采用这种模式）。

四、印度智慧城市计划的实施

（一）试点城市的选择

印度的每个邦负责提名城市参加"城市锦标赛"，被选中的城市将获得中央政府为期 5 年共 100 亿卢比的资助；为使每个城市更好地实施智慧城市建设，将成立专门的主管部门——SPV。SPV 由一个全职的首席执行官负责日常管理，且部门成员包括中央政府、州政府等代表。

（二）试点城市的分类

为了使城市更加现代化、更具有国际竞争力，印度政府决定在全国范围内支持 100 个智慧城市的发展。智慧城市计划选中的城市主要构成如下[8]：人口 400 万人及以上的卫星城市（9 个）、人口介于 100 万～400 万人的普通城市（44 个）、人口少于 100 万人的州/联邦领土（UT）的首都城市（17 个）、旅游和宗教重要城市（10 个）、人口介于 50 万～100 万人的其他城市（20 个）。

目前印度政府已将执行计划从 100 个智能城市增加至 109 个。有 20 个城市和 13 个城市分别入选第一轮和第二轮，因此共有上述 33 个城市入选第一阶段智慧城市建设。这 33 个城市将首先获得中央政府资助，从而标志着印度政府正式启动了智慧城市发展计划。预计，未来两年将分别新纳入 40 个和 36 个城市。

（三）信息通信技术的落实

信息通信技术（ICT）已公认为智慧城市的实施方面的推动者，但考虑具体 ICT 计划的实施，关键的第一步是要发展充足的宽带网络，以支持数字应用环境的发展，确保这些网络遍布全市而且可对所有公民开放。这个计划应包括更加丰富的宽带基础设施，结合电缆、光纤、无线网络等设施，以保证城市联通性最大化，加强市民和各类组织的各种联系。扩大宽带服务是建设智慧城市议程的重要组成部分。现今使用最广最新的宽带服务是光纤，这也是目前最快的互联网连接模式。第二步，城市规划者在考虑实施城市智慧 ICT 计划时，应该确保城市的物理空间和基础设施具有丰富的嵌入式系统、智能设备、传感器和执行器，这些设备可以提供实时数据管理、警报，并为城市管理做出及时信息处理[9]。有了这些硬件设备的保障，加上无线连接覆盖整个城市，将会打造一个更为丰富、更为复杂的城市数字空间，这会大幅度提高城市的智能运作程度。第三步，通过连接整个城市的嵌入式系统、传感器和智能设备来发展智慧城市空间，一起协作形成一个具有凝聚力与综合 ICT 基础设施的城市。智慧城市空间是指一个城市的空间属性，可以利用 ICT，在该范围内提供更高效和可持续的服务与基础设施服务。第四步，开发基于 Web 的应用程序和服务。第五步，开放政府数据，该项措施对于快速发展的城市尤为重要，尤其对于打造智慧城市更是如此。

印度在 ICT 的部署和消费方面与其他发达国家有很大的不同。与发达国家较高的电脑普及率情况不同，印度的大部分领域直接跨入移动设备的信息、通信和计算领域。ICT 的基础与互联网的可用性、连接性和移动设备息息相关。在印度农村，这种连接性主要通过巴拉特宽带（Bharat broadband）

及国家光纤网络（national optic fiber network）来实施，希望这两项计划的实施可以为印度 25 万个村庄提供 100 Mbit/s 的宽带连接。

印度电信管理局 2016 年的报告显示[10]，无线（移动）用户从 2016 年 5 月的 10.33 亿人增加到 2016 年 6 月的 10.35 亿人，月增长率达 0.19%。在城市地区的无线用户从 5 月的 5.84 亿人增加到 6 月的 5.89 亿人，而同一时期农村地区无线用户从 4.89 亿人下降到 4.46 亿人，两个区域的无线用户月增长率分别是 0.78% 和 –0.57%。2016 年 6 月底，城市和农村无线用户所占的份额分别为 56.88% 和 43.12%。2015 年，印度总人口为 1326801576 人，网民数为 462124989 人，非网民人数为 864676587 人，互联网普及率为 34.8%。这一数据显示通过移动应用程序或其他手机 APP 等模式，政府和公共服务更加趋于智能化，市民可以进行实时访问，这一发展趋势将使智慧政务成为政府需要解决的当务之急。

五、印度智慧城市计划的问题及挑战

（一）存在的问题

截至 2016 年底，印度政府推出智慧城市计划已经一年，但是这个方案仍然存在一些缺陷和问题。

（1）智慧城市计划的目的之一是将土地货币化，而最大问题就是城市里的土地作为一种宝贵的资源，尚未完全开发。

（2）这个计划没有将城市发展的顶层制度设计进行详细界定，如融合和治理。印度城市发展制定了很多相关的法律法规，如 Swachh Bharat Mission、居者有其屋计划、全国城市民生任务、全国城市信息系统、遗产城市发展和保护计划（HRIDAY）等。其中大多数由发展部门或者邦政府实施，而智慧城市计划如何和现存的法律法规进行融合尚未界定清楚。此外，还存在治理的问题，在 2015 年启动这个计划时，莫迪总理说："将城市变得更加智慧化，这一决定将由城市、市民和地方政府部门决定。"然而，地方政府的角色在这个计划的实施中却被极大弱化了。

（3）由于市政府缺乏相关的技术和能力，智慧城市计划将绝大部分决策权赋予了 SPV，SPV 将主导整个计划的实施。SPV 是否真的是城市化进程和城市发展中正确的制度设置，目前还是未知之数。

（4）智慧城市的困局之一是该计划目标范围不是整个国家，不是整个城市区域，而是被筛选出来的城市中局部区域，只有这些局部会得到世界顶尖级基础设施的建设，也只有这些局部会得到所有的政府财政资助。中央政府建议在城市的小范围内打造智慧城区，而不是大规模实施，这存在一定的局限性。

（5）按照城市发展政策，原计划在未来 5 年内，只有 100 个城市会被挑选来发展成为智慧城市。而目前为止，这个数量已经达到了 109 个，超过了最开始的计划。之后怎样增加或者缩减试点城市数量，如何进行取舍，将存在一定的难度。

（二）面临的挑战

智慧城市计划是在城市发展项目中第一次使用锦标赛的方式来选择城市进行资助，同时采用区域发展的策略，这一方案很好地体现了竞争和合作共存的联邦主义精神，然而也面临着一些挑战。

（1）印度联邦政府和城镇发展部门将在智慧城市的发展中起到关键的支持作用。这一层面卓越的领导能力和远见、果断行动的魄力将是决定智慧城市计划成功的重要因素。因此，这对城市治理领导层的素质和能力提出了挑战。

（2）为了让政策制定者、实施者和其他利益相关者更好地理解改造、重建、大力发展绿化带的理念，需要政府从顶层设计层面给予有力支持与帮助。

（3）智慧城市计划需要积极参与治理和改革的智慧市民。智慧市民需要参与智慧城市初期内涵界定、解决方案部署、实施改革、监督反馈等方面，以确保城市可持续发展。智慧市民的参与主要依赖于政府增加 ICT 的普及使用来实现，特别是基于移动设备的实时参与方式。因此，如何建设更为便捷广泛的信息基础设施，如何鼓励和引导市民的参与将是另一个重要的挑战。

六、结束语

随着城市化进程的推进，世界经济正在发生日新月异的变化，城市也逐渐发展成为巨型城市、智慧城市、可持续发展城市。城市化既为现代商业社会带来了重大机遇，也为传统城市规划带来了新的挑战。印度的经济正在飞速发展，发展中的城市逐渐成为政治、经济活动的中心，因此对于城市的科学治理也越来越重要。

在印度城市规模和人口结构持续变化的背景下，更需要科学合理地管理城市，需要致力于政府治理能力的大力提升。智慧城市计划的实施旨在提升城市服务质量和性能，降低成本和资源消耗，创造更加美好的城市生活。

参考文献

[1]　联合国官网.World's population increasingly urban with more than half living in urban areas [EB/OL].http：//www.un.org/en/development/desa/news/population/world-urbanization-prospects-2014.html[2014-07-10].

[2]　Chen-Ritzo C H，Harrison C，Paraszczak J，et al. Instrumenting the planet [J]. Ibm Journal of Research & Development，2009，53（3）：338-353.

[3]　Wang X，Yuan X，Zhu K. Redevelopment of development zones：The smart growth of cities in China [J]. Local Economy，2012，27（1）：68-77.

[4]　印度财政部.Union budget of India [EB/OL]. http：//indiabudget.nic.in/budget2014-2015/budget.asp[2015-02-27].

[5]　印度制造官网.Smart cities[EB/OL]. http：//www.makeinindia.com/article/-/v/internet-of-things[2015-05-16].

[6]　Belissent J. The Core of a Smart City Must be Smart Governance [M]. Cambridge：Forrester Research，Inc.，2011.

[7]　Caragliu A，Del Bo C，Nijkamp P. Smart cities in Europe [J]. Urban Insight，2011，18（2）：65-82.

[8]　ENVIS 可回收能源与环境中心网站.Smart cities in India[EB/OL]. http：//terienvis.nic.in/WriteReadData/links/Smart%20Cities%20in%20India_Report_pagewise-5937837909069130880.pdf[2015-11-08].

[9]　Schuurman D，Baccarne B，Marez L D，et al. Smart ideas for smart cities：Investigating crowdsourcing for generating and selecting ideas for ICT innovation in a city context [J]. Journal of Theoretical & Applied Electronic Commerce Research，2012，7（3）：49-62.

[10]　印度电信管理局官网.TRAI Report 2016[EB/OL]. http：//www.trai.gov.in/[2016-06-27].

India's Practice and Implementation of Smart City

Abstract：India is witnessing an increased pace of urbanization and became the second largest urban system in the world in 2014. Cities are the centers of technology，innovation，creativity and economic growth and employment，reservoirs of skills，knowledge and hope for migrants from rural areas. As the urban population and incomes increase，many cities experience a steady decline in the quality of physical environment，such as the air pollution and traffic congestion. Thus，cities need better managed and efforts are required to improve public governance. Indian government has rightly anticipated an ambitious Smart City Programme and AMRUT（Atal Mission for Rejuvenation and Urban Transformation）for better living standard in June 2015，which aims to enhance quality and performance of urban services，to reduce cost and resource consumption，and to engage more effectively and actively with its citizens.

Key Words： India　Smart City　Urbanization

印尼爪哇省斯拉根摄政地区电子政务服务实践的研究[*]

Fernandes Simangunsong   Imelda Hutasoit
（印尼政府民政事务研究所   印度尼西亚）

刘   龙   译

（电子科技大学政治与公共管理学院   四川成都   611731）

摘要： 本文主要关注如何解决印尼政府希望提供迅速和高质量的公共服务所面临的迫切问题。随着多样化的全球活动，印尼政府不得不调整其功能来提供公共服务，从而改善其公共服务在技术方面的落后状况。电子政务就是弥补差距的措施之一。2003 年印尼政府发布了有关发展电子政务的国家政策和战略的第 3 号总统指令，该指令对地区层面的信息通信技术应用来说是一个不可或缺的好消息。作为对该指令做出直接回应的地区政府之一，斯拉根摄政地区政府迅速采取了一系列能够带来良好政府治理，促进政府、社区和商人之间构建更有效的、更高效的和更经济的互相帮助关系的措施。这些措施包括加强政策准备、机构加强、整合不同部门的计划、提供基础设施和应用和推广准备等。本文将展示斯拉根摄政地区政府不仅能够提供包含区域愿景和任务、旅游信息和其他信息等总体信息的网站，而且能够提供基于互联网在线处理的身份证和证件服务。基于一系列电子政务相关的系统和应用，斯拉根摄政地区政府的公共服务不仅在时间上更加有效率，而且不再完全依靠手工操作处理。

关键词： 政策实施   电子政务   地区管理

中图分类号： C912.81   **文献标识码：** A   **文章编号：** 978-7-03（2017）04-0080-08

一、引言

印尼政府公共服务的过往实践给公众留下了不好的形象，如缓慢的交付、复杂的条件和不透明的财政等。这使公众很不情愿去申请许可证，显然不利于经济的发展并进而阻碍社会福利水平的改善。为了应对这些问题和挑战，根据 2004 年第 32 号地区管理法案，区域自治的原因之一就是为社会提供改善的服务和更好的生活。因此，公共服务的质量就成为反映区域自治成功的指标之一。

区域的规则会或多或少地发生变化，2014 年第 23 号地区管理法案则强化了这种变化。这种变化无疑是可以理解的，因为在宏观上实施单一制的印尼共和国的体系内，需要从发展、管理和社会性角度将不同区域联系起来，使国家的管理更有效和更高效。这也可以从 2014 年 10 月 2 日开始实施的一系列法案中看出。从 2014 年第 23 号法案第 211 条款第一条可以看出，建立区域的目的是在乡村和区域层面对管理、公共服务和社区权力进行协调。该条款的第三条进一步解释，建立区域的机制且不允

———————————

* 本文为 2016 年中国西部海外高新科技人才洽谈会·智慧城市国际论坛入选文章，根据作者在会议上的发言整理而成。

作者简介： Fernandes Simangunsong   印尼政府民政事务研究所，副教授，研究方向为电子政务；

　　　　　　Imelda Hutasoit   印尼政府民政事务研究所，副教授，研究方向为电子政务；

　　　　　　刘　龙   电子科技大学政治与公共管理学院讲师，博士，研究方向为智慧政务。

许放弃省级层面代表中央政府的介入。这证实有一种范围广泛的、很强的控制联系着区域，如摄政地区、省和民政事务部门。同时，该条款第四条强调代表中央政府的管理者能够干预地区负责人的任命。

更明显的是，根据 2014 年第 23 号法案第 225 条款第一条，地区负责人的职责之一就是一般性管理事务。此外，该法案第 9 条款第五条基本上将一般性管理事务解释为作为政府首脑的总统授权。同时该法案第 25 条款第五条描述了更多关于一般性管理事务的职责，如应用五项原则培育爱国主义和建立国家弹性、实施印尼 1945 宪法、保护多样化统一体的概念等，维持中央集权的印尼共和国的完整和统一；培养不同民族之间、同一民族内部、不同宗教、不同种族、不同群体的和谐关系来促进地区、区域和国家的安全；依据法律法规管控社会冲突；协调省、市政府部门间职责的履行，并根据法律法规考虑民主、人权以及分配正义、优先和特权，区域特权和多样化等原则；根据五项原则促进民主生活；实施没有被地区政府授权或者没有被垂直部门实施的管理事务等。

与 1974 年第 5 号法案定义地区负责人为区域政府机构不同，2014 年第 23 号法案第 209 条款第二条定义地区为区域政府机构。2014 年第 23 号法案提供了足够的空间来创造性地应用所有政府管理功能，从而可根据该法案第 225 条款第三条运用每一件可用的工具来实现社区福利。职员机构和线性机构都作为地区任务的执行者来实现更好的管理、提供公共服务和社区的授权。此外，根据摄政地区关于管理、公共服务、社区授权的效率和效果的相关法令，如 2014 年第 23 号法案第 226 条款第一、第二、第三条所做的规定，区域也给予摄政地区事务的代理权。

在实施这些新规定之前，地区的管理已经超过了促进和协调的职责。但是 2014 年第 23 号法案第 225 条款第一条有很多培育和控制职责给予乡村或下级区域。地区在管理内部潜力的基础上，2014 年第 6 号关于乡村的法案更强化了区域授权对乡村或下级区域进行多维度管理。与此相关联，需要区域有更好的管理技巧来发挥规划、管理、实施和控制功能。

在地区管理层面，2014 年第 23 号法案也提供了创新的机会。这种创新可以是更有效和更高效的管理、公共服务更好的交付，也可以是恰当和有效的社区授权。当然，根据该法案第 387 条款，这些创新的机会是在提升效果/效率和服务质量、避免利益冲突、公共利益导向、公开实施、追求适当性和实现可说明的结果以及不以个人利益为导向的原则内提供的。该法案第 389 条款更加明确，地区政府在实施创新项目中，如果创新没有达到目标，公务员不应该给予任何处罚。

在各级政府的权力关系方面，政府已经在 2007 年第 38 号政府规定中系统地阐述了管理事务的细节。但不幸的是，该政府规定还是不能清晰地分配权力给各级政府，尤其是省和摄政地区或者市级层面的权力。因此，授权给地区负责人的权力是不合理的，这种授权主要取决于摄政地区管理者的政治意愿。

尽管不能无视 2007 年第 38 号政府规定的缺陷，但是该政府规定指明了如何分配管理权力，并且该政府规定至少确认了地区负责人的机构比其他地区机构更加具有权力。同样，2008 年第 19 号关于区域的政府规定确认了地区负责人的权力范围，该政府规定的第 14 条款第一条规定地区作为区域性的技术实施机构，同时该政府规定的第 15 条款规定地区负责人不论是作为一般管理责任的执行者还是作为摄政地区管理者或者市长的授权代理来管理一些区域自治事务的权力范围。与此同时，民政事务部门 2010 年第 4 号关于整合地区管理服务的规定对区域必须满足一定要求给予了确认，即必须被摄政地区管理者或者市长（根据该规定第 5 条款和第 6 条款）授权。在地区取消作为领地的首领和分散的机构的中心地位后，这两项规定（2008 年第 19 号政府规定和 2010 年第 4 号民政事务部门规定）可以作为地区新生的开始。

为了通过投资和有效率的公共服务的需求来提升经济增长，必须实施简化的整合服务。基于民政事务部门关于指导和规范整合区域管理服务的 2010 年第 138～270 号法令的决定，斯拉根摄政地区政府授权一些官方机构来实施地区管理事务。在成功实施一站式整合证件服务后，斯拉根摄政地区政府试图提升公共服务，在证件服务的基础上加上明确的标准，以便能够提供更近的地点将服务交付给社区以提高服务效率。这不仅作为整合地区管理服务，而且是一种在电子政务基础上的印尼交付管理服务的最新创新。整合地区管理服务能够迅速在斯拉根摄政地区实施是因为该地区有良好的社区政策。这些政策能够被迅速实施不仅由于所有部门的全力支持，而且由于斯拉根摄政地区有成功实施一站式整合证件服务的经验。斯拉根摄政地区的许多地区政策，包括一站式整合证件服务，都是汇聚了各级官员的建议、反馈和社区批评的结果。此外，政府对社区的鼓励和持续不断的支持，明显能够促进所有利益相关者的积极思考和创造性行动。

一站式整合证件服务在斯拉根摄政地区的成功离不开制定决策的各级官员以及利益相关者贡献的创造性的、卓越的领导能力。这些能有力地实现公共服务提升，加速社区授权和服务改善。

二、斯拉根摄政地区公共服务的现状和问题

斯拉根摄政地区，尤其是 Solo Raya 地区是中部爪哇省的一个自然资源潜力相对不足的地区。从行政管理的角度，斯拉根摄政地区分成 20 个地区、192 个村庄和 16 个次级地区。从地理角度，斯拉根摄政地区被梭罗河分成两部分，北梭罗河畔地区土地不肥沃，南梭罗河畔地区的土地相对肥沃。斯拉根摄政地区政府明白，作为一个旱地面积比湿地面积大和拥有 900000 人口的农业地区，不可能只依靠农业部门来实现经济增长。因此，必须从其他部门开拓潜力，尤其是商业部门。商业部门包括正式和非正式部门，其各种活动总是和证件联系起来。但是，证件服务在社区中的印象是负面的。服务系统十分复杂，而且没有明确的时间、成本和需求标准。

总体来说，2000 年左右斯拉根摄政地区交付公共服务存在一些需求改进的缺陷：①缺乏回应。这种情况发生在从第一线机构到管理层的各级政府层面。对社区的投诉、愿望和建议的缓慢回应甚至不回应阻碍了服务的提升。②信息不足。传递给社区的信息很慢甚至没有给社区传递信息。③可获得性不足。服务交付的地区比较偏僻或者在单独的地区，导致很难让服务到达社区。④协调不足。交付相关信息的协调不足，导致不同机构之间的重复交付或者交付冲突。⑤复杂的官僚机构。以证件服务为例，它通过不同层级的多个机构和多种过程来实施，所以非常耗费时间。⑥低效率。一些要求或者条件，尤其是证件服务，经常和服务的交付没有关系。⑦不专业的人力资源。机构能力不强，并且组织机构不是按照提供服务来设置的，导致相关人员必须同时实施规则和服务功能。

糟糕的证件交付服务不可否认会影响正式和非正式商业部门的效率。证件的发放对商人来说是必不可少的，企业尤其是中小企业，缺乏商业证件是非常麻烦的。没有证件，中小企业几乎不可能从银行获得贷款，也不能和较大的商业机构交易，更不能出口产品。然而，这些中小企业提供了相对数量的就业机会。因此，与证件相关的问题应该获得更多的关注。为了回应公众关于提升证件服务的期望，斯拉根摄政地区政府尝试改变饱受诟病的官僚服务模式，通过从村或次级区域到地区层面的各级政府实施电子政务来简化证件服务。

三、地区公共服务管理模型

考虑地区的情况和战略的转变，重构区域的战略问题是如何重构地区管理结构，使地区成为公共服务的中心和管理实体，来发挥调整市级层面区域内中心和外围结构的功能。符合去中心化和提升服务质量精神的区域管理模型至少有三个选项：①扩散系统；②一个屋顶系统；③一站式系统和带有在线分支的一站式系统。

　　第一种模型强调自治区域作为公共服务的提供者直接通过扩散机构提供公共服务。第二种模型强调公共服务通过一站式管理服务系统来接收文件，但是证件完成还是在各自的办公部门。在第三种模型中，证件给予部门负责人，其他办公室只提供技术咨询。这三种途径并不是截然分开的，而是可以成为从一种途径变到另一种途径的连续状态。强调分散化的目标取决于实现方向的一致性程度，它不仅由地区政府的主要部门决定，而且由区域负责人以及当地社区参与决定。强调分散化的方向不仅影响服务的数量和质量，而且影响提供服务的机构。

　　从这三个模型中切换模型来实施公共服务必然会消耗大量时间。以提供服务的效率途径为例，它被传统公共管理模式和新公共管理所影响。地区民主途径主要被善治模式和新公共服务所影响。传统公共管理受到了现代管理活动的三种不同思想学派的强烈影响，即马克斯·韦伯（1864～1920 年）的韦伯理论、弗雷德里克·泰勒（1911 年）的科学管理理论和埃尔顿·梅奥（1930 年）的人际关系理论。第一，韦伯理论认为理性的官僚机构强调效率原则。这些效率原则包括：权力从正式的法律中产生；官僚机构建立在层级结构基础上；客观地、职业地、全职地、规范一致地执行规则；所有的事情都应该根据法律来记录和执行。第二，科学管理理论承认两个原则：时间和运动研究作为绩效标准与激励制度。第三，人际关系理论在正式关系的基础上强调非正式关系在工作中的作用[1]。

　　新公共管理模式是针对传统官僚机构效率低、机构臃肿、不灵活和绩效降低的不满而出现的。新公共管理模式起源于 20 世纪 60～70 年代布坎南和塔洛克的公共选择理论。基于对被政治模式分配的资源的关注，新公共管理模型实质上强调官僚机构中的市场力量或者竞争的重要性。在这个年代，经常提出关于外包、私有化和部门间竞争的建议。20 世纪 80 年代，根据这种公共选择理论建立的管理模式强调基于私人部门的管理主义的方法和实践[1]。宏观上，这种途径用外包和私有化从官僚机构的架构方面来缩减政府；微观上，这种途径利用战略管理、绩效管理及预算和竞争系统来提供公共服务[1]。基本上，这种模式强调从管理的途径来提升官僚机构效率的重要性。

　　善治模式的发展源于公共服务领域对强力控制的政府和市场的不满，以及公众作为服务的接受者单独作为一个对象考虑的现象。这种在 20 世纪 90 年代兴起的管理运动由三个支柱构成：在公共服务领域有平等的角色和地位的管理者、私人部门、内部社会。在公共服务机制中，它主张社会应该有透明的、可计量的、高效率的、有效果的和参与性的服务。

　　最后一种新公共服务模式起源于对善治模式的改进。它结合了新公共管理模式和善治模式的原则，承载着服务而不是操纵的原则，主张政府仍然有责任制定规则和交付公共服务，但是社会应该有机会参与决策制定。区域机构模型作为服务中心是从地区政府的目的假设中学术化引申出来的，地区政府存在的目的是强化当地民主和将社会作为主要发展主题。地区扮演了独特的角色，发挥服务的功能。因此，服务模型的建立用来保障公众期望的相关利益优先性。而服务种类的定义是基于对需求的分析、区域的特点、工作负荷和人员的素质、预算的容量和可获得的设施。

　　第一个模型和区域未来功能的偏好是一致的，都强调社会的民主优先，鼓励社区独立性，并提供针对性的高质量的服务。这个模型属于地区扮演强角色的类别，因为它合法，自行决定和公众支持（图 1）。

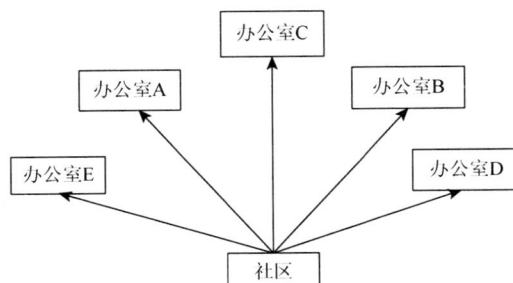

图 1　第一种模型：扩散系统

第二种模型的原则和第一种模型一样，都强调在地区社会发展民主。它们的区别是区域扮演的角色和一个屋顶系统的服务功能。第二种模型中区域在为公众提供对多种且有效服务方面很有帮助。如果公众介入和参与程度比较高并且有各种可获得的服务，那么区域在人员素质、预算的可获得性和支持设施方面就会有较强的产能记录。这个模型与社会转型的情况相关，社会正转变成民主社会，对经济的调控正在减少。地区负责人和摄政地区管理者或者市长的关系模式正在发生转变，地区负责人不再对摄政地区管理者或者市长负责，而是对区域秘书负责。地区负责人和摄政地区管理者或者市长经常产生分歧，由于地区负责人是摄政地区管理者或者市长授权并任命的，那么地区负责人服从摄政地区管理者或者市长是合适的。分歧是因不同背景导致的，摄政地区管理者或者市长是政治官员而地区负责人是职业官员。因此，地区负责人应该和摄政地区管理者或者市长的愿景保持一致。

考虑当前地区的状况，摄政地区管理者或者市长的授权成为地区负责人的有力的标志，授予的权力越多，地区负责人的权力越大。除了从摄政地区管理者或者市长授权，没有任何其他的指标显示地区负责人的权力。因此，代理权力依赖于摄政地区管理者或者市长的政治意愿。如果摄政地区管理者或者市长愿意，那么地区负责人会授予更多的权力，否则地区负责人只会授予有限的权力（图 2）。

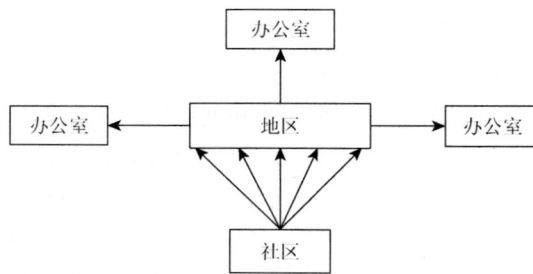

图 2　第二种模型：一个屋顶系统

这个模型起源于分散化意味着更加有效的和高效的公共服务的观点。为了更有效和高效，地区必须利用任何可用的人员、预算和设施实现多种服务功能。地区现有的状态可以描述为很差和无力。原因是社区有很多事务需要处理，但是只有有限的授权和很少的代理权力。更困难的是，目前地区负责人的核心能力是精心设计、促进、协调和培育事务预算项目。

为了克服第二种模型的不足，开发了第三种带有在线分支的一站式系统模型。在这个模型中，证件分配给一站式系统的单位负责人，并且办公室提供技术咨询（图 3）。

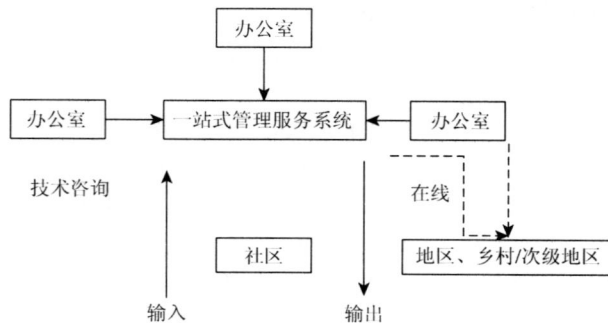

图 3　第三种模型：带有在线分支的一站式系统

四、斯拉根摄政地区电子政务实施效果

根据整合地区管理服务的规定，地区可以提供小范围的证件服务而不需要技术学习。整合地区管理服务规定的实施是为了确立地区作为公共服务的中心和在摄政地区层面实施一站式整合证件服务。随着服务提供者的转换，代理权力从斯拉根摄政地区转换到地区负责人。在实施整合地区管理服务规定的过程中，一些权力从摄政地区层面授权给地区负责人，包括关系组织支持电子政务实施的情况，包括事件许可、道路关闭和使用许可、表演许可、小型公司住宅证书、小型公司注册证书、小型沙龙执照、建设许可、小规模非金属材料和岩石税务许可、小型餐厅和商店执照、小型广告证件、小规模商业证件。这些证件服务中，有 8 项能够在区域层面提供，包括道路关闭和使用许可、小型公司住宅证件、小型沙龙执照、建设许可、小规模非金属材料或者岩石税务许可、小型餐厅或商店执照、小型广告证件、小规模商业证件。同时，还有 3 项服务，地区只能提供建议且完成必须在摄政地区层面，它包括事件许可、小型公司注册证书和表演许可。

由于机构容量和技术员工可获得性的限制，部分证件服务需要在摄政地区层面完成办理。在斯拉根摄政地区有 20 多个实施整合地区管理服务的规定区域，可以最优化地利用区域层面可用的人员作为技术实施小组。这一小组包括：①地区负责人是实施整合地区管理服务规定的监督者，发挥领导、协调和控制功能，并准备财政预算计划、建立技术实施、负责向摄政地区管理者或者区域秘书处汇报实施整合地区管理服务规定的成果。②区域秘书处负责秘书事务和监管事务。③部分管理服务和技术执行服务可以在登记柜台直接提供给申请者，如接收、核实和处理文件，输入数据，打印证件和建议信，接收相应的付款，登记和准备财务声明。

整合地区管理服务规定的技术实施小组的构成和每个区域工作的说明，都根据地区负责人的任命完成。例如，对斯拉根摄政地区而言，整合地区管理服务规定的技术实施小组是由地区负责人根据斯拉根第 141/01/041/2012 号关于组建斯拉根地区整合地区管理服务的法令来任命的。在整合地区管理服务规定实施之前，相关团队成员都会接受斯拉根摄政地区政府关于提供优质服务交付的介绍和技术培训。整合地区管理服务的技术团队会根据斯拉根摄政地区政府从摄政层面向地区负责人授权的 2011 年第 85 号法令的手册来提供和交付服务。

整合地区服务的实施中配备了实施整合地区服务的信息管理系统，这个信息管理系统不仅能够处理证件，而且能够提供包括服务的类型、机制、预期办结时间、服务的需求和成本的相关信息。在斯拉根摄政地区，政府网站（www.sragen.org）支持地区政府机构和相关技术的协同，包括虚拟邮件系统和虚拟数据办公室。在这些技术和系统的支持下，地区政府机构之间的邮件和数据能够通过互联网传递，因此协同会更加迅速、高效和有效。同时，实施整合地区服务的设备和基础设施，如办公室、登记柜台、文件处理终端、数据和信息处理终端、等候室、文件提交终端和付款终端在每个区都不同，但是基本上都能满足实施整合地区服务的最低标准的要求。在实践中，这些设备和基础设施不是互相分开的，例如，韦恩家处理终端可以与数据和信息处理终端联合起来，登记柜台也能作为文件提交和付款终端。

整合地区服务的绩效评估系统，会按照每月甚至每季度给斯拉根摄政地区政府提交阶段性报告。在此基础上，因为实施整合地区服务是比较新的业务，斯拉根摄政地区政府和技术团队会定期访问 20 个区域来直接监督和评估整合地区服务系统在这些地区的实施情况。

五、结语

虽然斯拉根摄政地区基于电子政务的公共管理服务建设取得了一定的成绩，但是斯拉根摄政地

区实施的整合地区管理服务应该与其他国家电子政务的先进技术同步进步。斯拉根摄政地区政府还应该实施以下培育和控制策略。

（1）通过到与地区政府实施公共服务绩效相关的地区进行参观或开展会议的方式进行宣传，使地区政府的人员明白整合地区管理服务的一般原则、重要性、意义和实施步骤，并且和其他提供公共服务的政府机构、私人救助机构和非政府组织进行协同。

（2）通过举办研讨会、培训和咨询来提升实施整合地区管理服务的能力，进而实现高效率和有效果的服务。

（3）对实施整合地区管理服务的过程进行管理和评价。通过以下方面测定实施的障碍，测定提升服务质量的机会。

①依据摄政地区政府的报告中整合地区管理服务在地区的实施进行管理和评价。直接检查地区实施整合地区管理服务的情况，并邀请利益相关者如公众人物、非政府组织和人员参与。

②监督授予地区负责人权力的实施情况，从证件和非证件服务以及实施的效率来测定实施的障碍。

③监督和评估分配给地区负责人的其他权力的实施情况。

④要求动态地、定期地汇报整合地区管理服务的实施报告，包括：第一，区域每个月末提交实施整合地区管理服务的报告给摄政地区政府技术团队；第二，摄政地区政府技术团队每年末给摄政地区管理者提交包含整合地区管理服务实施培育和管理结果的报告；第三，摄政地区通过管理者提交包含实施整合地区管理服务报告的地区政府报告给内务部门；第四，实施整合地区管理服务的监管和评估报告的结果以及从摄政地区向地区负责人的授权的实施，都服从于摄政地区政府对地区负责人的绩效考核的建议和报告。

参考文献

[1]　　Sunstein C R. 2013. Simpler-the future of government[J]. Journal of Entrepreneurship & Public Policy，2013，（2）：42-47.

The study of E-government Service Implementation in Sragen Regency，Central Java Province，Indonesia

Abstract：Focus of this study was how to answer the urgent question from Indonesian who are expecting quick and good public service. Along with the very dynamic global movement，Indonesian government is forced to adapt with its function to provide public service which is by now already lagging behind in terms of technological advancement. E-government is one of the efforts to make up for the lagging. It is seen from the issuance of Presidential Instruction No. 3 of 2003 on national policy and strategy for development of E-government that is inevitably the good news in the application of communication and information technology including at regional level with its vast regional autonomy. One of the local government that directly respond the presidential instruction was Sragen Regency. Sragen Regency immediately carried out the strengthening by preparing the policies，institutional strengthening，synchronization of planning between work units，providing infrastructures，and preparing the application and promotion so that the implemention of E-government system in Sragen would lead to good governance and more supportive relationship between government，community and businessmen efficiently， effectively，and economically. Results of this study would deliver Sragen Regency government to not only have website containing general information，such as regional vision and missions，tourism information and many other，but also can process identity card（Kartu Tanda Penduduk or KTP）and licensing service by online via internet. Condition of services in Sragen has been more efficient in time and there isn't manual procedure anymore.

Key Words：Policy Implementation　E-Government　Local Government

智慧城市建设中的重点领域与关键问题：
以武汉市为例的分析[*]

朱国伟¹　陈晓燕²

（1. 武汉大学马克思主义学院　湖北武汉　430072；
2. 中共武汉市委党校党史党建教研部　湖北武汉　430000）

摘要： 以新一代信息技术为依托的智慧城市不仅是一种新的城市发展理念和建设模式，也是一种新的生活方式，并塑造着新的城市治理方式。推进智慧城市建设需要把握信息技术发展的方向和城市自身发展规律。前瞻性的布局设施与产业基础，通过区域数据中心和分布式集成网络，促进智慧城市向智慧城市（圈）群发展。同时，紧跟智慧城市建设推进智慧治理体系的建设，并以法制的方式保障作为智慧城市核心要件的信息资源在集成、使用、管理等环节的信责对等、权责一致。

关键词： 智慧城市　智慧治理　区域数据中心　智慧城市群

中图分类号： C912.81　　**文献标识码：A**　　　**文章编号：** 978-7-03（2017）04-0088-09

智慧城市是运用物联网、云计算、大数据、空间地理信息集成等新一代信息技术，促进城市规划、建设、管理和服务智慧化的新理念和新模式。建设智慧城市，对加快工业化、信息化、城镇化、农业现代化融合，提升城市可持续发展能力具有重要意义[1]。根据"十三五"规划建议的发展要求，我国智慧城市将迎来新一轮快速发展的机遇。据估计，我国智慧城市建设的市场规模在 4 万亿元左右，并将在"十三五"期间集中释放。自浙江宁波作为第一个在政府层面全面推动实施智慧城市建设的城市，到住房和城乡建设部启动国家智慧城市试点工作，目前已超过 500 个城市提出智慧城市建设[2]，已有 370 多个市、县（区）纳入住房和城乡建设部、科学技术部批复的智慧城市试点名单。智慧城市已成为信息时代我国城市发展的新模式。2011 年，武汉被确定为国家 863 计划智慧城市试点城市。2013 年，武汉市成立智慧城市建设工作领导小组专门推动智慧城市建设。受益于良好的经济发展状况、科研教育实力和高新产业聚集，武汉的智慧城市建设已成为中国智慧城市发展势头较为突出的城市之一。但依托于信息技术的智慧城市只有把握信息技术发展的方向和城市自身发展的规律，才能在促进智慧城市建设良序推进的同时，使智慧城市真正融入生活，真正成为一种生活方式和治理方式。

一、前瞻性布局智慧城市建设的设施与产业基础

（一）根据智慧城市阶段布局下一代基础设施

智慧城市建设是一个复杂的系统工程，当前智慧城市建设如火如荼，但智慧城市建设不能采取

---

* 本文是国家社科基金青年项目"政府空间治理中的政府责任及其实现机制研究"（14CZZ023）的阶段性成果；武汉市软科学项目"推动武汉新一轮改革的重点领域和关键环节研究"（2015040606010233）的阶段性成果。
作者简介： 朱国伟　武汉大学马克思主义学院，讲师，研究方向为当代中国政府与政治；
　　　　　　陈晓燕　中共武汉市委党校党史党建教研部，讲师，研究方向为政府管理理论与实践。

摊大饼式策略，贪大求全，受到资源限制也无法一哄而上。一般而言，智慧城市建设可以分为三个阶段：第一阶段，智慧化基础设施建设，主要包括城市无线网络等硬件设施、云存储中心等数据设施的铺就，以及物联网技术、云计算等智慧科技的初步应用。第二阶段，智慧科技在城市治理、社会生活、产业发展等不同领域得到广泛应用，各领域之间实现了信息互通、机制整合、高度融合，信息资源得到了高效利用。第三阶段，智慧科技具有更为主动的智慧功能，以动态适应和前瞻性预测的方式服务并引导人的生活与社会治理，实现了自我创新。目前来看，我国现阶段的"智慧城市"大多处于基础设施建设阶段，或者说更多地属于"数字化城市"阶段。当然，每个阶段并不是截然分明的，武汉市目前处于第一阶段向第二阶段的跃升探索阶段。这一探索也并不意味着第一阶段的基础设施建设已经完成。对于以信息技术为支撑或媒介的智慧城市建设而言，信息技术的发展是动态的，智慧城市基础设施建设自然也没有一个绝对的完成时。

目前免费 Wi-Fi 已逐步实现城市范围内的全覆盖，为智慧城市建设提供了最基本的基础设施。物联网技术开始逐步应用于前端的感知与数据采集，云计算和大数据技术用于后端的数据存储、处理与挖掘，这些技术的广泛应用为智慧城市发展提供了重要的技术支撑。但在智慧城市建设中，应注重与智慧科技相匹配的下一代城市基础设施建设。配合城市更新，铺筑支持无线充电、无人驾驶、新能源交通工具等下一代交通系统的基础设施。适应物联网技术、大数据技术、自媒体科技的趋势，增强城市规划的前瞻性、时代性。

（二）继续促进信息消费

2014 年武汉市出台了《武汉市促进信息消费扩大内需实施方案（2014—2015 年）》，以 17 项措施促进信息消费。2015 年底武汉市入选工业和信息化部信息消费示范城市。受益于 4G 通信网络的普及和信息消费的快速发展，通信器材类商品 2015 年 3～5 月连续 3 个月实现倍增，1～5 月增幅达到 160.6%[3]。2015 年上半年，全市限额以上贸易企业批零业企业中从事网上销售的达到 38 家，比上年同期的 21 家增加了 17 家；实现网上商品零售额为 89.46 亿元，同比增长 75.8%，占上批零业零售额比例由同期的 3.6% 提高到 5.6%，提高了 2 个百分点[4]。2015 年全年，电子信息产业全年实现产值 3215.8 亿元，特别是软件业务收入突破千亿元，比"十一五"末的 2010 年 165.5 亿元增长 510%。2015 年，武汉市消费品零售总额破 5000 亿元。其中，通信器材类增长达到 84.0%，网络零售额持续快速增长，全年限额以上批零企业通过公共网络实现商品零售额 204.5 亿元，增长 77.5%。武汉京东、良品铺子、苏宁等 7 家企业的网络零售额分别达到上亿元[5]。

借鉴宁波促进信息消费的立法经验，武汉市出台《关于促进武汉信息消费的实施意见》，配合产业升级与智慧城市建设进行总体规划。培育信息消费新需求，特别是推进民生 IC（integrated circuit，集成电路）卡在教育、医疗、养老、就业等民生公共服务领域的"一卡多用"（一卡通），拓展移动互联、云计算、物联网、北斗导航等新兴信息服务业态，充分满足不同层次消费群体的信息消费需求。

（三）向更加注重发展新型信息产业过渡

国务院发布的《国务院关于积极推进"互联网+"行动的指导意见》，是推动互联网由消费领域向生产领域拓展，加速提升产业发展水平的重要举措。在"让城市越来越智慧"的总体目标下，武汉市抢占"互联网+"制高点，加快推进全市"互联网+行动计划"。随着信息消费的发展，逐步从信息消费过渡到信息产业发展。着力发展基于下一代信息技术的新型产业、企业。目前，武汉市已出现了一批"智慧城市建设示范项目"。利用云计算、大数据等先进技术，按照"六个一"（即一朵云、一张图、一站式、一套标准、一种模式、一个管理中心）的创新建设目标，结合武汉市的应用特点和具体需求，搭建了武汉市政府公开数据服务平台。平台整合了政府各部门可向公众公开的数据资源，向社会公众提供海量、可机读的数据服务；同时基于"天地图·武汉"提供便捷的电子地图展示、下载和开发支撑服务。该平台是目前全国政务数据开放最多、应用最全的市政府公开数据服务平台，加快了政务大数据的开发利用，推动了大数据产业的发展。但随着信息数据资源经济与社会价值的不断提升，应进一步鼓励公共信息资源的社会化开发利用；推动政务信息共享示范建设，实现政府信息资源对全社会共享和开放；支持和引导拥有海量数据的企业和机构开展地理空间、宏观经济、人口和法人等领域的大数据利用。在实现数据分级、保证数据安全的基础上，推进数据产业化，盘活数据资源，培育数据服务新业态。

二、建设区域数据中心与分布式集成网络

（一）建设武汉"信息通衢"

《国务院关于印发促进大数据发展行动纲要的通知》（国发[2015]50 号）中，提出结合国家政务信息化工程建设规划，统筹政务数据资源和社会数据资源，布局国家大数据平台、数据中心等基础设施。同时，开展区域试点，推进贵州等大数据综合试验区建设，促进区域性大数据基础设施的整合和数据资源的汇聚应用。为贯彻落实《国务院关于加快发展节能环保产业的意见》（国发[2013]30 号）要求，提升数据中心节能环保水平，工业和信息化部、国家机关事务管理局、国家能源局决定开展绿色数据中心试点工作，研究制定了《国家绿色数据中心试点工作方案》（工信部联节[2015]82 号）进行国家绿色数据中心试点。深圳市在建设智慧城市的目标下，已推行以网格为基础的社会服务管理模式，打造覆盖市区街道社区的"织网"工程。宁波市也已着手"政务云数据中心"建设。武汉市已经认识到了公共数据中心建设在智慧城市建设中的基础性作用，并在2014 年提出重点建设"光谷云村"与左岭大数据产业园等大数据产业基地和市政务云数据中心、地理空间信息云数据中心、长江流域云数据中心、数控工程系统云数据中心、国家教育云数据中心、音视频多媒体服务云数据中心、质量服务云数据中心、车联网云数据中心等 8 个云数据中心[6]。可见，目前武汉市对主题类、流域类数据中心建设已有所关注，但对区域类数据中心建设却重视不够。可见，这不符合武汉市立足中部中心城市、建设国家中心城市的目标，也不符合武汉市对于城市圈群建设、长江经济带建设中的带动作用以及在中部崛起中的重要地位。当下，使武汉成为九省通衢的"信息通衢"，区域性数据中心建设是必要的。

（二）启动武汉"织网"工程

建设城市公共数据网络，将不同领域的"信息孤岛"联通起来，挖掘信息价值，应启动武汉"织网"工程。制定《信息化建设标准规范》，优先推进发展和改革、统计、经济和信息化部门的数据整合，制定统一的职能部门、各区、开发区及功能区信息化端口对接、数据使用、数据融合标准。为整合式数据中心建设奠定基础。这其中要注意存量社会管理信息资源挖掘。政府系统内部的办公系统资源、执法数据资源、绩效考核数据资源等也是信息资源挖掘的重要内容所在。

（三）建设分布式数据中心

以国家大数据战略为契机，构建面向智慧生活、智慧治理的智慧城市数据中心建设，整合华中科技大学、武汉大学等武汉高校科研机构的数据采集、存储与信息处理中心（如华中科技大学大数据研究中心、武汉大学卫星导航系统数据中心等），实现以各高校科研院所为节点和分中心、政府主导、社会共享的武汉数据中心。引导各高校和科研机构构建助推智慧武汉发展的功能分区与数据共享的数据采集、存储与处理团队和科研机构建设。满足智慧决策、智慧服务、智慧监管、智慧旅游、智慧生活等需求。

数据资源网络的分布式结构还有以下几个原因：首先，从信息资源的生产和存储来看，无论动态信息还是静态信息，其表现形式或存储格式都是丰富多样的。信息资源以分布化的方式在公民、社会组织、政府组织等不同主体中生产出来，并在不同的信息资源主体中得以聚集和存储。信息资源的生产是分散的，信息资源集成是相对的，应在科学、合理、方便查询和利用的前提下，将信息

进行分布存放，并且应建立分布存放的信息之间的有机联系。其次，从信息资源应用的使用来看其存储也应保持分布式。这使信息资源能按照特定的需求，从数据库中随时提取，而并非必须建设集中的信息资源中心。然而，对于分布式存储的数据需要采用统一的数据模型，以确保数据的唯一性、一致性和准确性，既可以实现信息资源提取的及时性、高效性，也有效地满足综合业务系统与"一窗式""一站式"办公需求。最后，在治理实践中，支持智慧医疗、智慧教育、智慧旅游、智慧交通等不同领域社会治理与公共服务的分数据中心、分领域的基础设施建设借由不同的主体进行搭建和维护可以降低政府系统的成本，提高信息资源的使用效率。

三、智慧城市（圈）群建设

（一）推动以武汉为中心统筹主导的智慧城市（圈）群建设

2014 年发布的《国家新型城镇化规划（2014—2020 年）》提出，到 2020 年，我国将建成一批特色鲜明的智慧城市。据统计，在已开展智慧城市建设的省份中，北京、河北、上海、江苏、浙江、福建、山东、河南、广东、陕西、宁夏等 10 多个省份制定出台了省级总体规划。部分省份提出构建智慧城市群落，如广东省提出打造"珠三角智慧城市群"，陕西省提出到 2017 年基本建成"关中智慧城市群"[7]。目前，武汉"1+8"城市圈中的黄石、孝感、鄂州、黄冈等各自都提出了智慧城市建设规划，这无疑有利于武汉城市圈信息化发展的整体效率。但智慧城市建设步调不一、领域不同，智慧城建设相互缺乏沟通协调机制，导致城市圈信息资源分散，降低了对于城市圈整体效益的促动力。武汉市应发挥领头羊的自觉意识，打造以武汉为中心的智慧城市圈、城市群。智慧城市（圈）群建设有利于促进城市间产业分工效率的提升，有利于城市圈合作治理能力的提升，可以避免基础设施重复建设，降低城市（圈）群内智慧城市建设在技术引进、人才引进等方面的交易成本，实现技术使用、建设与管理经验等方面的共享。当然，智慧城市（圈）群建设不限于"1+8"城市圈，还需要从中部地区、长江经济带以及武汉市产业空间关联度等跨空间的角度去分析、规划。在智慧城市（圈）群建设中，在促进政府系统内信息资源跨地区、跨部门共享的同时，要打破行政区划限制与行政组织障碍，依托经济带、产业带、城市群等建设区域数据中心。在数据交换中，建设以武汉为中心的城市（圈）群数据中心，制定《数据保密协议》《数据库建设标准规范》等城市间规则和标准体系，则是首要任务。这又为全国性数据中心武汉（区域）数据中心节点建设奠定了基础。

（二）搭建跨区域技术创新网络等协同创新平台

智慧城市（圈）群建设有赖于技术创新的推动。武汉市承担着国家全面创新改革试验、创新型城市试点任务，作为中部地区中心城市的武汉，在带动长江中游城市群协同发展、促进中部地区崛起、推进长江经济带建设、参与"一带一路"建设等方面也承担着国家重要使命。武汉市有责任实现高端要素集聚、提升辐射带动功能，在推动形成区域协同发展增长极中发挥更大作用。为了实现创新发展的引领带动作用，武汉市推出了"城市合伙人"计划，大量吸引人才、资本来武汉创新创业。武汉市已建成科技企业孵化器 214 家，孵化器场地面积达到 920 万平方米。其中，国家级孵化器 22 家，仅次于北京、上海、天津，居副省级城市首位。此外，近 3 年来，武汉市已建和在建的众创空间达 108 家，大学生创业特区达 66 家。其中，国家级众创空间 15 家，在全国仅次于北京、天津。目前来看，武汉市的创新创业氛围正在形成，但为了保持创新创业主体、创新创业资源和载体的可持续发展，武汉市应针对现有孵化器、众创空间等载体的孵化、催化能力，对相关企业进行测评，优化孵化器等载体功能和资源配置。同时，武汉市应鼓励高校、科研院所、科技企业、科技人才等搭建区域协同中心，搭建跨区域技术创新网络、创新联盟、跨区域众创空间、跨区域科技孵化器网络或协同孵化中心。以不为我所有、但为我所用的原则，超越武汉市行政地域限制，实现协同创新，实现创新资源、创新要素的区际共享，相互促进。在域外资源整合的基础上，提升创新能力，提高竞争优势。此外，信息技术的发展，高速交通网络的形成，降低了地理空间因素的障碍性限制，也使跨区域创新网络构建进一步成为可能。

当前，武汉市城市内部资源整合与协同创新明显不够。武汉科教优势明显，也拥有东湖开发区、光谷等创新中心，但科教优势与产业的协同效应不足。例如，作为全球第二大通信设备供应商的华为，其大量的核心研发人员来自华中科技大学，但相比之下，武汉本土通信企业发展却并不如意。当然，也有成功范例，如中国光谷智能交通产业技术创新联盟，该机构由武汉理工大学、中科通达等单位联合发起，是华中地区第一家行业性组织，成员单位均为产业链上下游企业，它们发挥了"抱团"助推武汉智慧城市的集体行动力。因而，通过比较优势带领，比较劣势学习，政府部门应加强创新网络建设的制度供给、引导，形成城市内、跨区域、匹配产业更新、发展战略的区域性、跨区域创新联盟，建设具有国内与国际影响力的创新中心，这也是实现创新驱动城市圈（群）发展的内在要求。

四、紧跟智慧城市建设发展智慧治理

（一）网格化管理向智慧治理转变

网格化管理是一种通过地理编码技术、网络地图技术、现代通信技术，将不同街道、社区划分成若干网格，实现城市空间和时间无缝管理的体系。网格化管理在我国城市管理中已成趋势。武汉市自 2012 年启动社区网格化管理工作，已初步形成"两级平台、五级联动"的工作格局，并成为"互联网+"时代，智慧城市建设中智慧治理的重要基础。

目前，随着智慧城市建设的推进，在社会治理领域的智慧化项目建设也逐步实施，如智慧交通、智慧施工管理、智能电网以及智慧积玉、智慧蔡甸等智慧街道、智慧城区建设。智慧蔡甸的智慧城市运营管理中心——城市公共信息平台项目搭建了区级调度指挥和基础支撑平台，整合接入了智慧环保、智慧水务、智慧工地、智慧社区、地下管线及空间综合管理、智慧社会管理与服务、城管 110、平安校园等项目应用。这些项目形成了各系统的基础资源整合和信息资源共享，推进了基层电子政务建设，为创新智慧城市管理及智慧化社会服务打下了良好的经验基础。蔡甸区的"蔡甸之音"微信公众号实现了 12 项服务指尖完成：一站式查询天气、公积金、水电气、公交，以及政务投诉等。智慧积玉项目基于管理信息系统（management information system，MIS）与地理信息系统（geographic information system，GIS）相结合的一体化集成业务平台开发，创新形成具有基层政府特色的社会管理系统。该项目将街道建设成涵盖"人、地、事、物、组织"的数据资源中心、综合指挥枢纽和业务支撑平台，强化了统筹决策、部门协同、主动服务和应急处置，初步实现社会治理创新下的街道一体化管理与服务。智慧社区作为智慧城市的一部分，在智慧城市建设的推动下，也呈现如火如荼的发展局面。智慧社区充分借助电子信息技术，涉及安防监控、社区管理服务等诸多领域。总部设在百步亭社区的中国社区网智慧社区中心"爱社区"项目，打造了我国首个集党务、居务、服务、商务、事务"五务为一体"的智慧社区综合服务平台——"爱社区 APP"[8]。武汉市人力资源和社会保障局还进行了"互联网+就业"的"智慧人社"探索。

（二）提升智慧政务服务效能

在智慧城市建设中，智慧街道、智慧社区以及智慧养老服务等各领域的探索虽然都冠以"智慧"，但街道、社区以及各部门的分领域探索缺乏在技术使用、数据资源采集与存储、服务标准等方面的前瞻性的统筹规划与标准设定，导致了智慧城市建设碎片化、智慧治理创新同质化的问题。从作为互联网时代智慧治理的微政务角度观之，武汉市微政务公开效能位列第 20 位，排名较低（表 1）。截至 2014 年，武汉地区政务微博账号在新浪平台的数量开通 110 个，政务微信数量 120 个。通过新媒体指数数据系统选取武汉地区官方认证账号的微信数据 119 个数据样本研究分析发现，政务部门分属覆盖 30 个部门系统，涵盖省、市、区多级别行政区域，覆盖江岸区、江汉区、硚口区、汉阳区、武昌区、洪山区、青山区、东西湖区、蔡甸区、江夏区、黄陂区、新洲区、汉南区全部 13 个区。其中 23 个政务微信仅开通账号而疏于管理，从未推送文章。同时，武汉各职能部门的政务微信与已有的电子政务系统，多还处于"两张皮"。摆着已建好的政务微信，却没有用好，并未在为民众提供更加便利的公共服务上增值[9]。此外，政务微信存在难辨真假、微信缺乏"威信"、推送内容同质化、表现形式单一等问题[10]。在近年新华网发布城市政务微信影响力榜单中，"武汉发布"的点击率、点赞率等影响力远低于"宜昌发布"。虽然武汉市开始注重通过微信整合"智慧武汉"的基础功能，但是存在功能尚简单，服务接口、举报投诉接口不畅，各部门间微信政务群尚未建立等问题。

表 1　微政务公开效能榜[11]

排名	省	市/县	微政务效能
1	广东省	广州市	1.20
2	江苏省	南京市	1.00
3	河南省	郑州市	0.67
4	陕西省	西安市	0.67
5	浙江省	杭州市	0.58
6	江苏省	苏州市	0.53
7	青海省	河南县	0.50
8	四川省	成都市	0.48
9	江苏省	常州市	0.47
10	湖南省	长沙市	0.46
11	广东省	佛山市	0.46
12	吉林省	长春市	0.43
13	河北省	石家庄市	0.35
14	浙江省	台州市	0.34
15	山东省	济南市	0.34
16	山东省	青岛市	0.33
17	甘肃省	陇南市	0.31
18	青海省	平安县	0.30
19	广东省	中山市	0.29
20	湖北省	武汉市	0.29

注：微政务效能由政务微博、微信两大部分构成，构成指标有微博博文数、粉丝数与微博转评数以及政务微信推送文章数、文章阅读数和点赞数。数据时间段为 2013 年 11 月至 2014 年 11 月

（三）推进智慧治理体系建设

对于政府来说，智慧城市就是要提高政府治理和管理水平，最重要的目标是实现资源配置效率的提高，实现低碳和绿色的发展目标。智慧城市更多的是要以人为本，就是需要政府开展各项公共服务，来满足管辖区域所有居民最大限度的需求[12]。在信息技术的推动下，智慧城市建设在改变了人们的生活方式的同时，也催生着新的城市治理方式。这种治理方式称为智慧治理。智慧治理（smart governance，SG）是政府、公民以及社会组织等主体以信息技术为载体，针对公共问题实现合作共治的过程，善治是其价值指向。它是响应社会信息化时代的临来，针对差异化的、个性化的以及泛

在化的需求，变革治理模式的一种回应性选择。依靠智慧感知、信息挖掘、云计算、虚拟现实以及物联网等技术，科技变得更加智慧化，开始具有"思考"的能力。高速的网络传输、Web3.0 的语义网结构以及个性化的信息终端设备，赋予技术以更强地文化敏感性，改变了公民和政府间沟通的方法，也实现了以公民或服务对象为中心的无处不在的信息跟踪服务。在泛在技术发展的基础上，通过多元的信息接收设备，将政府服务嵌入公民的日常生活。通过基于身份信息的基础型数据库与基于生活动态信息的个人化数据库，以"智能匹配"技术进行服务需求信息的动态传播、采集及总体分析。实现信息的实时更新、整合以及服务内容、服务方式的动态调适。通过得知其即时需求，以个性化推介技术提供预见性的服务。因此，本文使用"smart"这一词汇的时候，已经赋予其更多"智慧"（wisdom）的意义[13]。

在智慧治理中，功能整合的电子决策剧场成为信息化时代为制定公共政策提供立体交互式的、可视化的智能决策支持平台。电子决策剧场所对应的是泛在的信息网络，这使它可以应用于不同层级的公共决策支撑系统。电子决策剧场集合了信息收集、决策咨询、方案会商、执行协调、绩效评估等功能，作为一个多系统的整合，它是决策信息、决策方法和决策过程的统一体，因而成为公共决策系统的全过程技术支持机制。它整合利用虚拟现实、人工智能、系统工程、决策理论等信息技术与方法，为决策问题分析、决策方案设计、决策过程监控、决策效果评估等决策环节提供可视化的决策支持服务。它可以应用于大型项目规划与管理，舆情分析与应对，危机应急管理，能源管理，水、土地等自然资源管理等多个领域[14]。

五、以法制确保信责对等、权责一致

（一）信息资源集成环节

在智慧城市建设中，信息资源的集成与共享是实现各领域高度融合、持续发展的基础。但信息资源的集成不单是技术层面的问题，建立一个信息集成的仓库仅仅是集成的开始，关键是确定信息资源集成的责任主体，确定信息资源管理、维护、使用等各环节中的责任关系，防止信息资源集成后变为信息垃圾。首先，对于作为信息采集主干的"格员"，要完善漏报、迟报、误报的责任机制，事后倒查中的责任追究机制。同时，明确街道层面在信息采集执法权方面的地位，执法权获得的方式以及在信息采集执法权方面所需承担的责任。其次，区分信息采集人员与信息接收人员、相关职能科室的责任，防止排查发现了信息，但因职能科室推卸责任而导致的信息失效现象。再次，通过跨治理主体的流程再造，以责任分解促进协同配合的治理体系，岗位间、机构间、部门间及与外部治理机构间形成协同治理的格局。在实现社会管理过程中不同主体间的责任分享、责任共担的同时，需要根据不同的公共事务、不同的部门进行信息资源的采集、维护、使用、更新等责任的配置，实现信责对等。然而，在各个层面来看，制定社会管理信息资源采集和责任追究领域的相关规范性文件都是现实而迫切的需要。

（二）信息使用环节

截至 2017 年 6 月，我国手机网民规模达 7.24 亿人，较 2016 年底增加 2830 万人。网民中使用手机上网的比例由 2016 年底的 95.1%提升至 96.3%，手机上网比例持续提升。上半年，各类手机应用的用户规模不断上升，场景更加丰富[15]。这说明无线网络的社会使用率越来越高，对其安全性提出了更为紧迫的要求。同时政府在这一领域所承担的责任将成为焦点问题之一。在信息消费快速发展的过程中，在确保使用主体资源权益的同时，也要明确其信息资源使用责任。《武汉市促进信息消费扩大内需实施方案（2014—2015 年）》提出了"构建安全可信的信息消费环境"，但相关法律法规建设跟进不足。在智慧城市建设中，公共场所的 Wi-Fi 接入服务、开放的公共数据资源、社会治理的公共数据等，在使用中都要明确政府（各岗位、各部门、各级）、服务提供商、社会组织或个人的责任。因此，有必要探索制定《公共场所免费网络服务使用条例》或《公共空间网络服务管理办法》，明晰政府、企业、个人的安全责任。

（三）在信息资源管理环节

由于智慧城市的建设涉及政府、企业和个人的大规模数据集中，所以要高度重视信息的存储与管理安全问题。在信息系统的建设中要明确法人和宏观经济基础数据库、人口基础数据库、自然资源与空间地理基础数据库建设的牵头部门，确定相应的责任。随着综合性社会管理信息系统的建立，要注意建立信息集成主管部门的信责对等机制。要认真考虑其权限、责任的界定，使统一的信息平台在规范的管理维护下发挥信息整合作用。一般而言信息资源综合管理部门的主要职责包括三个方面：一是集中控制与管理数据定义；二是建立健全网格数据管理的基础标准与规范化数据结构；三是组织协调用户与计算机应用开发人员实施数据管理标准规范。最终实现同一类数据内部、不同数据库间信息交换规则的一致化。然而，这些都需要在《武汉市政务数据资源共享管理暂行办法》的基础上，进一步以《信息资源管理条例》的形式规范化。

另外，需要制定支持社区管理和服务信息化平台建设与发展的政策措施，发布社区服务商业化运营的监管政策，制定社区的信息化系统接口标准，明确支撑社区智慧化发展的数据开放、应用接口开放的路线图，强化社区居民信息安全保护措施，营造公平、公正、开放的社区智能化政策法规环境。将智慧社区建设、智慧街道建设纳入法制化推进的框架。明确在智慧社区建设中，物业管理机构、业主委员会、业主个人以及街道、社区自治机构等在信息服务、信息安全等方面的责任分配。

（四）信息资源技术环节

推动建立智慧城市建设协会或行业协会，推动基于武汉的专门研讨。强化行业自律机制，积极发挥行业协会作用，借力非政府机构整合各科研院所、高校、企业科研机构等社会力量，为武汉市智慧城市建设出谋划策。鼓励形成基于武汉市智慧城市建设经验的行业标准、团体标准，以及先进科技企业的技术标准等。打造智慧城市建设的武汉标准。例如，全国首部智慧城市标准体系《智慧城市系列标准》就是由深圳市智慧城市研究会、深圳市智慧城市建设协会、深圳市智慧城市企业标准联盟、中国智慧城市专家委员会牵头制定的。

在技术层面需要加大与武汉高校的合作力度，例如，加大与华中科技大学的合作力度，开发并有效运用华中科技大学下一代互联网接入系统国家工程实验室、华中科技大学图像识别与人工智能研究所、国家防伪工程技术研究中心、信息存储系统教育部重点实验室、集群与网格计算湖北省重点实验室、智能互联网技术湖北省重点实验室、湖北省数字建造与安全工程技术研究中心等科研机构的技术能力与产业发展潜力。支持、引导它们在武汉智慧城市建设领域形成基于科研创新的行业性、国际性技术标准与行为标准。

参考文献

[1]　求是网. 2014：智慧城市元年？[EB/OL]. http：//www.qstheory.cn/science/2014/12/11/c_1113603468.htm[2014-12-11].

[2]　新华网. 我国 500 多个城市试点智慧城市计划投资超万亿[EB/OL]. http：//news.xinhuanet.com/fortune/2015-06/27/c_1115742453.htm [2015-06-27].

[3]　武汉市商务局. 2015 年上半年武汉市消费品市场运行情况[EB/OL]. http：//www.hbdofcom.gov.cn/cszz/scsmc/dfjl/40204.htm[2015-11-23].

[4]　曾德辉. 武汉市消费品市场发展状况及全年趋势[J]. 武汉商务，2015，（7）：9.

[5]　湖北日报网. 武汉去年消费品零售总额破 5000 亿元通讯器材类增长 84.0%[EB/OL]. http：//news.cnhubei.com/xw/jj/201602/t3542542. shtml[2016-02-15].

[6]　武汉市人民政府办公厅. 武汉市大数据产业发展行动计划（2014—2018 年），武政办〔2014〕126 号[Z]. 2014 年 7 月 18 日.

[7]　中国测控网. 中国智慧城市建设新阶段统筹规划少走弯路[EB/OL]. http：//www.ck365.cn/news/8/36645.html[2015-02-04].

[8]　中国文明网. 武汉诞生全国首个智慧社区综合服务平台[EB/OL]. http：//images1.wenming.cn/web_wenming/syjj/dfcz/hb_1679/201504/t20150421_

2570723.shtml[2015-04-21].

[9]　武汉市民呼唤掌上版"政务大厅"[EB/OL]. http：//www.cnscn.com.cn/news/show-htm-itemid-14377.html[2015-03-24].

[10]　新华网舆情监测分析中心. 全国城市与县域网络形象报告（2014）[EB/OL]. http：//news.xinhuanet.com/yuqing/2015/06/30/c_127967848. htm[2015-06-30].

[11]　徐晓林，朱国伟. 智慧政务：信息社会电子治理的生活化路径[J]. 自然辩证法通讯，2012，（5）：95-100.

[12]　朱国伟，徐晓林. 电子决策剧场：信息社会公共决策创新的工具形式[J]. 澳门公共行政·行政，2012，（2）：20-25.

[13]　辜胜阻. "十三五"智慧城市发展与经济转型[J]. 中国信息界，2016，（1）：25-26.

[14]　中国政府网. 国务院关于印发促进大数据发展行动纲要的通知，国发〔2015〕50 号[EB/OL]. http://www.gov.cn/zhengce/ content/2015-09/05/cont-ent_10137.htm[2015-09-15].

[15]　中国互联网络信息中心. 第 40 次中国互联网络发展状况统计报告[EB/OL]. http：//www.cnnic.net.cn/[2017-08-31].

Key Area and Issue in the Construction of Smart City: Take Wuhan as Example

Abstract：The smart city based on a new generation of information technology is not only a new city development concept and construction mode，but also a new life style as well as shaping a new city govern mode. To promote the construction of smart city，the direction of information technology development and the regular pattern of the city development is needed to know. The forward-looking layout facilities and industrial foundation promotes smart city growing to smart city (circle) by regional data center and distributed integration network. The legal system is important to ensure the parity of authority and responsibility during the integration，use and management of information resource so as to promote the construction of the smart governance system.

Key Words：Smart City　　Smart Governance　　Regional Data Center　　Smart City Group

第二届智慧城市国际论坛暨首届市长圆桌会议综述

冯小东　　张会平

（电子科技大学政治与公共管理学院　四川成都　611731）

2017 年 9 月 13 日，作为"2017 年中国西部海外高新科技人才洽谈会"的系列重要活动之一，第二届智慧城市国际论坛暨首届市长圆桌会议（简称"本届论坛"）在电子科技大学召开。本届论坛由电子科技大学、四川省人民政府外事侨务（港澳）办公室、美国国家城市联盟共同承办，电子科技大学区域公共管理信息化研究中心、中国电子商务协会智慧城市委员会、《智慧城市评论》杂志社等机构共同协办。

本届论坛以"智慧城市建设与可持续发展""中外智慧城市建设：比较与借鉴"为主题，设置大会主题报告会及专场研讨会。来自中国、美国、英国、日本、韩国、加拿大、意大利、波兰、丹麦、立陶宛、加纳、印度、印度尼西亚等国家和地区的智慧城市领域的专家、市长及相关部门领导共计 100 余人出席了本届论坛，就当前世界智慧城市建设与发展中的重大理论和实践问题展开讨论。

在主题报告会上，美国国家城市联盟主席 Matt Zone、美国工程院院士邓文中、清华大学孟庆国教授、电子科技大学周涛教授，分别以"智慧城市与智慧治理""我对智慧城市的理解""从开放到众包：基于数据驱动的政务服务创新""政府智慧监管创新与实践"为题发表主题演讲。在市长圆桌会议、智慧城市建设专家论坛及西非城市发展论坛中，30 多位专家学者以及实践部门的领导者，围绕论坛主题发言、讨论和交流。

就主题报告和分组发言的内容来看，可以归纳为四大方面：智慧城市发展现状与实践挑战、数据驱动的政务服务创新、公众参与视角的公共服务创新、智慧城市产业发展及对策影响，下面就此做一概述。

1. 智慧城市发展现状与实践挑战

在市长圆桌会议中，来自国内外的市长介绍了各自城市在建设智慧城市过程中的做法经验，四川省宜宾市副市长徐红兵从"智慧城市建设现状与举措、智慧城市建设过程中存在的问题以及关于智慧城市建设的思考"三个方面分享了自己对建设智慧城市的见解，分享了宜宾市在"中国酒业大数据中心""宜宾市新型智慧城市建设规划""网上公文处理""一站式政务服务""网络医疗服务""数字城管综合管理平台"等方面的发展现状和经验。四川省泸州市副市长丁湘介绍了泸州市以被列为国家智慧城市试点城市为契机，在智慧医疗、智慧养老、智慧教育、智慧交通等方面的建设成果，并列举了手机刷卡乘坐公交、公交信息实时公开、四川泸州大数据产业园建设、华为四川大数据中心等典型应用。四川省内江市副市长蒋学东从"宽带"中国示范城市建设、国家信息惠民城市建设、完善网络基础设施建设、完善数据地理信息、规划城市协同治理格局、智慧城管信息平台、首个农民工信息系统等方面介绍了内江市在智慧城市建设方面的举措。四川省绵阳市副市长杨学宁介绍了绵阳在"一卡多用"、科技城建设、"幸福城市"建设等方面的智慧城市建设举措。

国外的学者和市长也分享了国外智慧城市建设的现状与经验。美国国家城市联盟主席 Matt Zone

作者简介：冯小东　男，1988 年生，安徽人，博士，副教授，研究方向为电子政务与智慧城市；
　　　　　张会平　男，1982 年生，河南人，博士，副教授，研究方向为电子政务与公共政策。

介绍了自己对"智慧城市"内涵的理解和美国克利夫兰、芝加哥、夏洛特与印度新德里等在建设智慧城市方面的探索，对智慧城市的内涵及其中的公平性保障问题进行了分析，并对智慧城市建设提出了三点建议：对建设结果的思考、与非政府组织高校企业的合作、最佳实践路径的探索。美国加利福尼亚州安提阿市市长 Sean Wright 和半月湾市前市长 Richard Kowalczyk 均介绍了电动汽车、循环水利用以及生物质发电等新能源的发展及自动驾驶公交的应用状况，提出通过环保治市实现可持续发展的治理模式，呼吁在城市建设中注重环保治理，并提出政府要有与高校、企业合作的意识。美国阿肯色州小石城市长 Mark Stodola 介绍了该城市在打造智慧政府、借助民间力量、创业产业孵化、数据运动等方面的应用实践，提出建设智慧城市的首要任务是发挥城市特色，将信息化、数据化与现代城市特色相结合。美国印第安纳州加里市市长 Karen Wilson 则介绍了其在遗弃建筑智能处理问题上的探索。韩国公共管理学会主席崔兴硕教授介绍了韩国智慧城市建设的现状，提出"社会化、信息社会化"的概念和"无处不在的城市"的理念，认为城市管理不应仅仅停留在"智慧城市"层面上，还应该上升到"智慧国家"的层面。

市长及学者在发言中还总结了智慧城市建设过程中面临的挑战，宜宾市副市长徐红兵总结了在体制机制、执行实效、财政资金保障、数据整合共享及总体规划上的挑战；乐山市副市长李智玉从工程建设的角度，总结了智慧城市建设在工程思维、系统性、集成性、新技术落地、结果导向、价值导向等方面的挑战；资阳市人民政府副秘书长邓爱华从智慧城市发展阶段、体制机制、决策者认识程度等方面总结了资阳市在智慧城市建设过程中面临的挑战。加纳行政管理学院校长 Bondzi Ebow 教授从发展规划、法律保障、治理思路等角度阐释了西非国家智慧城市的概念，剖析了西非国家在推进智慧城市发展进程中所面临的思维转变、技术差距、工作机会创造上的挑战。中国智慧城市产业联盟副秘书长李建平提出了智慧城市建设在"系统性、发展的要素、目标""智慧推动我国新型城镇化发展""产业的发展和提升"等方面的挑战。

2. 数据驱动的政务服务创新

数据支持的决策、数据开放、数据治理与政务服务创新等一直以来是智慧城市建设的重要方面和目标。在如何使用数据实现政务服务创新方面，周涛教授的主题报告从政府的智慧监管实践的微观场景出发，以数据为核心，介绍了利用机器学习提升食品药品问题发现率、利用数据的外部化打击非法集资、利用医保智能控费和商业医保精算模型降低国家医保基金穿底风险和患者治疗成本等三个案例，阐释了政府智慧监管创新的实践，为政府落实利用大数据分析挖掘、人工智能技术辅助政府公共决策指出了应用的方向。

在数据驱动的公共资源分配和决策的具体应用方面，上海交通大学樊博教授从地铁系统的安全保障设备分配的应用视角切入，结合真实数据分析，发现冗余应急资源对灾害抗逆力的影响及地铁系统灾害抗逆力不足的时段，进一步对安检平台的配置、选址及其他相关应急资源的配置提出启示。英国东伦敦大学 Hassan Abdalla 教授研究了基于物联网数据的智能交通系统及智能建筑管理系统，介绍了如何利用物联网采集数据提升智能交通系统的实时针对性及智能建筑系统对资源的分配管理。

中国行政管理学会原执行副会长兼秘书长高小平研究员则从理论上阐述了大数据对推动简政放权、推动放管结合、实现优化服务的意义，指出：大数据有助于发扬"工匠精神"，提升行政管理精细化、精准化、标准化程度；采用大数据技术可以减少政府服务的盲目性和随意性，促进政府在实现经济社会政策目标与公民服务消费需求之间寻找到合理的均衡点，降低制度性交易成本和行政服务成本；运用大数据有助于提高政府"双创"政策落地成效，反馈和诊断"最后一公里"症结所在，聚焦"痛点"、瞄准"堵点"，有针对性地为企业松绑减负。

针对政府数据开放问题，复旦大学郑磊副教授提出"将开放进行到底"，阐述了供给侧的开放数据和利用端的数据利用对合作众创智慧城市的意义，解释了什么是开放数据及什么不是开放数据的问题，并重点介绍其团队的"中国地方政府数据开放平台报告"成果，涵盖评测的标准依据、指标体系、数据获取、评测结果和启示发现等内容，系统性解释了政府在数据开放意识、数据开放意愿和利益驱动、数据开放的体制机制保障上的现状和原因。邓文中院士在主题报告中指出，"大数据是实现智慧城市的重要来源之一""高效的智慧交通模式必须是由数据和技术支持"，同样对数据资源的意义和作用予以阐述。

3. 公众参与视角的公共服务创新

利用现代信息技术促进提高公众参与政府公共服务是本届论坛专家讨论的另一个重要问题。清华大学孟庆国教授在"从开放到众包：基于数据驱动的政务服务创新"主题报告中，从互联网信息技术的 Web1.0—Web2.0—Web3.0 发展趋势角度，对政府开展政务服务的创新路径进行了理论探索，总结归纳出供给型、合作型、社会化的三种政务服务模式，即从传统的单一的政府供给服务到基于商业互联网（微信、支付宝服务接入）平台的合作型服务方式，再到社会公众广泛参与（如百度"交通流量实时监测服务"、伦敦朗伯斯区"我修我街 FixMyStreet"、KFC 为肯塔基州 Louisville 市的街道修补坑洞、我国住建部开发的城市公厕云平台、波士顿的消防栓清理）的公共服务提供方式，指出社会化服务侧重于用户参与服务提供及服务更加匹配用户需求，政府服务部门通过开放式机制，通过数据采集社会化实现互联互通、众包众筹、共享共治，并分析了其互相之间重构加强的关系。

关于公众社会化参与对政府公共治理的作用和影响，日本青森公立大学 Tetsuya Endo 教授从 CSB（creating shared beauty）和 CSP（creating shared beauty）的角度，以共建可持续社区管理为例，分析了日本大地震后基于社会网络服务的公众参与和城市治理开放数据的运用的社会价值与作用。印度尼西亚巴查查兰大学 Ida Widianigsih 副教授讨论了后苏哈托时代印度尼西亚城市规划中的社会公众参与对地方政府创新的战略作用。波兰华沙大学 AndriusSuminas 副教授以维尔纽斯和华沙的城市建设为例，介绍了智慧城市建设中公众电子参与的工具作用。波兰华沙大学 Krzysztof Kowalik 副教授研究了智慧城市建设中公众使用信息与通信技术（如社交媒体、网站）及政府与公众在线沟通的现状和影响。

此外，关于如何基于数据开放促进公众社会化参与，郑磊在关于数据开放的报告中也提出通过数据开放可以促进和发挥公众参与公共服务模式创新的途径，开放政府数据有利于全社会更广泛、更高效地利用数据创造经济社会价值。中国智慧城市产业联盟副秘书长李建平也指出政府、企业及所有参与主体共同建设可持续的创新机制对智慧城市建设的意义。

4. 智慧城市产业发展及政策影响

在市长圆桌会议中，各市州对各自城市的智慧城市产业发展前景和规划进行了总结。泸州市副市长丁湘介绍到泸州把培育智慧产业和产业智慧化作为智慧城市建设的立足点，大力培育电子信息等战略性新兴产业，推动经济转型升级取得重大进展，优化产业体系；以华为四川大数据中心、四川省信用联社异地灾备中心等项目为依托，着力打造川滇黔渝结合部智慧信息中心、四川省大数据产业区域中心。内江市副市长蒋学东介绍了内江立足产业基础，坚持智慧应用与智慧产业联动发展为原则，在推进工业云建设、加快发展现代服务业、加快培育大数据产业等方面的举措。

在智慧城市建设支撑政策方面，中国智慧城市产业联盟副秘书长李建平归纳总结了国家对智慧城市建设的指导思想、国务院及各部委发布的相关具体政策等，并分析了智慧城市与产业经济在人才、技术、政策、制度方面的发展现状、趋势和问题，提出政策引导创新和创业创新对智慧城市建设的影响。加拿大瓦尔登大学 Caroline Covell 博士指出了政府在智慧城市发展中的可持续财政规划问题，例如公共财政、经济公派、公共商品等概念与智慧城市建设的关系。

关于智慧城市建设的具体政策，四川省社会科学院郑妮副研究员则以成都市在共享单车治理上的政策制定和落实为例，研究分析了政府在智慧城市建设过程中的政策制定问题和对策建议，认为共享单车的健康发展需要政府、企业、公众和其他资源的协作，面向市场需求并基于技术创新，建立科学有效的信息共享机制，构造信用体系，以刺激智慧城市发展建设的活力。四川大学 Jesper Schlæger 研究员介绍了他的智慧城市政策对城市财富增长作用的实证研究成果，试图通过对比智慧城市建设试点城市和非试点城市，运用中国城市统计面板数据，解释智慧城市建设中的财政投入、基础设施建设、创新能力提升等政策对城市财富增长的影响，发现试点城市的智慧城市政策对城市财富的增长影响高于非试点城市。

在论坛总结会上，华中科技大学徐晓林教授从论坛规模、影响力、讨论观点和建议展望等方面对论坛进行了全面总结。他认为，本届论坛吸引了来自多个国家的学者专家，具有很好的国际影响力，同时兼备学术研究和实践探索的成果；发言内容既有微观具体应用的创新，又有顶层的规划设计讨论，广泛讨论了智慧城市发展中的基本问题，代表了当前智慧城市研究和实践的较高水准。他还指出，尽管智慧城市建设、智慧城市研究早已起步、并且取得了一些重要进展，但是距离我们的目标还有差异。总体来说，未来的智慧城市建设及其挑战应该从智慧城市建设的顶层设计、智能技术的广泛真实应用和社会公众的主动参与方面加强，切实实现真正的智慧城市目标。

《智慧城市评论》集刊征稿函

  《智慧城市评论》是由中国电子商务协会智慧城市委员会主办的专业会刊。杂志为集刊，采取以书代刊形式，每年 2 期，由国家级重点出版社科学出版社出版，面向全国发行。

  杂志以推动智慧城市的研究、应用和创新为宗旨，秉承品质为先、学术至上的办刊理念，实行匿名审稿制，坚持公开、透明、严格的编辑方针，努力办成一份在智慧城市领域内有影响力的学术刊物。

  本刊稿件，100～1000 元/千字，稿件一经刊出，即付稿酬。

  稿件一经采用，作者亦进入智委会专家遴选库。

1. 稿件范围

  学术论文、调研报告、规划方案、国外研究介绍、相关技术和产品介绍等，涵盖智慧城市领域内的理论、应用、城市治理、传播、技术、产业等。

2. 稿件要求

（1）研究对象明确，研究问题具体；

（2）研究方法科学、适当，数据、资料真实、准确；

（3）结构清晰、逻辑合理；

（4）文章字数在 6000 字以上，稿件需要具备中英文标题、中英文关键词、中英文摘要、中文正文、作者简介及联系方式、中图分类号、文献标识码、参考文献等要素。

3. 版权使用

  《智慧城市评论》对发表的全部文图，享有电子版的发表以及结集出书和编辑精华本、合订本的专有权。本刊所刊文图，未经许可，任何媒体不得转载。本刊对刊发的文章有网络传播权，如有异议，请在来稿中注明，未声明者，本刊视为同意。

  作者文责自负，切勿一稿两投。来稿如在三个月内未收到用稿通知，六个月内没有刊登，作者可自行处理，另投他刊。本刊恕不退稿，敬请作者自留底稿。

4.《智慧城市评论》编辑部联系方式

联系人：王小箐

联系电话：010-59062300

邮箱：tg123@hismart.com.cn

地址：北京市西城区德胜门外大街 79 号德胜国际 C 座 6 层

文稿评审规则

一、 本评审规则适用于投赐本刊的所有文稿。

二、 本刊实行主编（包括执行主编）负责制。主编负责初审投赐的全部文稿，经主编初审认可的文稿方可进入评审程序。未获得初审认可的文稿自稿件收到之日起三个月内通知作者。

三、 文稿经主编初审认可后即进入正式评审程序。评审工作按双向匿名方式进行，在执行回避原则的前提下，每篇文稿由2～3位编委会或学术委员会委员进行评审，也可由主编特聘其他学术专家或知名学者进行评审。

四、 评审人严格根据文稿的学术质量提出书面评审报告，并对文稿做出分类：①可以采用；②须经修改再做评审；③不适宜采用。作者根据评审报告的意见对文稿进行修改、完善，直至达到发刊要求。

五、 文稿最终采用与否，由主编根据本刊宗旨、评审报告和学术论题总体安排情况作最后决定。

《智慧城市评论》编辑委员会